Jean-Jacques Rousseau

von Jens-Peter Gaul

W0048713

Deutscher Taschenbuch Verlag

Weitere in der Reihe **dtv portrait** erschienene Titel
am Ende des Bandes

Für Denise

Originalausgabe
Juli 2001
© Deutscher Taschenbuch Verlag GmbH & Co. KG, München
www.dtv.de
Das Werk ist urheberrechtlich geschützt.
Sämtliche, auch auszugsweise Verwertungen bleiben vorbehalten.
Umschlagkonzept: Balk & Brumshagen
Umschlagfoto: © AKG, Berlin
Satz und Layout: Agents – Producers – Editors, Overath
Druck und Bindung: APPL, Wemding
Gedruckt auf säurefreiem, chlorfrei gebleichtem Papier
Printed in Germany   ISBN 3–423–31050–2

Inhalt

1 Jean-Jacques Rousseau. Kolorierter Stahlstich von James Hopwood, nach dem Gemälde von Allan Ramsay (s. S. 133)

Kindheit und Jugend am Genfer See

Rousseau kam am 28. Juni 1712 in Genf zur Welt, und es scheint, als hätte ein anderer Geburtsort seiner späteren Sonderstellung auch nicht recht entsprochen. Tatsächlich war die kleine Stadt am See in der politischen Landschaft des 18. Jahrhunderts äußerst ungewöhnlich. Während des späten Mittelalters noch ein relativ unbedeutender Marktstandort unter der Ägide des Herzogtums Savoyen, behauptete sich Genf im Zeitalter des katholischen Absolutismus als selbständige Republik mit protestantischer Gesellschaftsordnung und hohem ökonomischen Potential. Der Ursprung dieses Phänomens liegt in der Epoche der religiösen Erneuerung. Wirtschaftliche Probleme am Ende des 15. Jahrhunderts lösten in der Stadt eine Emanzipationsbewegung aus, die später durch das Gedankengut der Reformation erheblich verstärkt wurde. Im Jahr 1535 gelang in einer Allianz mit Teilen der Schweizer Konföderation die militärische Befreiung von der Fremdherrschaft, der im Mai 1536 das offizielle Bekenntnis der Bürgerschaft zum Protestantismus folgte. Drei Monate später traf Johannes Calvin in Genf ein und konnte in den zwei folgenden Dekaden durch sein hartes Vor-

2 Ansicht von Genf. Gemälde von Hans Conrad Escher von der Linth, 1784

gehen die letzten Befürworter savoyischer Regentschaft ausschalten. Die äußere Lage der Stadt aber blieb angespannt. Die Schweiz hatte 1572 auf Betreiben der katholischen Kantone die Aufnahme Genfs abgelehnt, und so mußte die kleine Republik im Dezember 1602 ihre letzte Probe allein bestehen. Der überraschende, gut organisierte Angriff des Herzogs von Savoyen konnte abgewehrt werden, und dieser Sieg markierte den Beginn einer fast zwei Jahrhunderte dauernden außenpolitischen Stabilität. Erst die französische Besetzung als Folge der Revolution sollte Genf den Status der Unabhängigkeit nehmen und 1814 schließlich zum Eintritt in den Bund der Schweiz führen.

Die starke Befestigung am See war stets ein Zufluchtsort; auch Rousseaus Vorfahren väterlicherseits, französische Hugenotten, fanden hier Mitte des 16. Jahrhunderts auf der Flucht vor konfessioneller Unterdrückung ein neues Zuhause. Sie beteiligten sich an der Festigung der Calvinschen Herrschaft, blieben Genf verbunden, als das Edikt von Nantes eine Rückkehr nach Frankreich ermöglichte, und erlebten schließlich, wie ihre Heimat nach 1685 ein weiteres Mal zum Ziel der Verfolgten wurde. Die Aufhebung des Toleranzediktes durch Ludwig XIV. hatte nicht mehr den gleichen Einfluß auf die Bevölkerungsentwicklung wie der Beginn der religiösen Repression, der zwischen 1550 und 1560 mehr als 8000 Flüchtlinge dazu bewegte, sich mindestens für einige Jahre in der Stadt niederzulassen. Die erneute Zuwanderung beschleunigte aber den ökonomischen Aufstieg Genfs, denn sie ergänzte das Spektrum seiner gewerblichen Betätigungen um den Sektor selbständiger Geldwirtschaft. Schon die erste Generation hugenottischer Immigranten hatte ein erhebliches Maß an kommerziell verwertbaren Fähigkeiten und Kenntnissen, an Kapital und Verbindungen mitgebracht, und nun wiederholte sich der Prozeß der Innovation im Zeichen eines gestiegenen Interesses an reinen Finanzdienstleistungen. So entstand in Genf neben den etablierten Bereichen Handwerk und Han-

Das **Edikt von Nantes** wurde 1598 von Heinrich IV. erlassen und garantierte den Hugenotten (von dem Wort »Eidgenossen« abgeleitete Bezeichnung für die französischen Calvinisten) freie Religionsausübung und politische Sonderrechte. Im Laufe des 17. Jahrhunderts erfolgte jedoch eine schrittweise Aushöhlung dieses Status, und 1685 hob Ludwig XIV. das Edikt von Nantes im Edikt von Fontainebleau wieder auf. Durch die anschließende Flucht von ca. 200000 Protestanten in andere Länder verlor Frankreich für längere Zeit erheblich an wissenschaftlicher, kultureller und ökonomischer Substanz. Der Wider-

del mit der Zeit das Zentrum eines internationalen Bankennetzes, das sich höchst effektiv auf gemeinsame Konfession und familiäre Beziehungen stützte. Als Rousseau geboren wurde, war dieser Prozeß bereits im Gange, und vor dem kleinen Stadtstaat, in dem jetzt etwa 19 000 Menschen lebten, lag seine wirtschaftlich erfolgreichste Epoche.

Bereits Rousseaus Urgroßvater Jean betrieb das Handwerk eines Uhrmachers, zu seiner Zeit noch der wichtigste Erwerbszweig in Genf. Sein Sohn David führte diese Profession weiter, doch anders als sein Vater war er wenig an materiellem Gewinn interessiert. Der Großvater Rousseaus pflegte eine aufwendige Liebe zu Musik und vornehmer Gesellschaft, verband damit aber Sinn für Bildung und politisches Engagement. Es scheint, daß er sich unabhängig von seinem Stand gleichsam als »Aristokrat« begriff, eine Einschätzung, die dadurch belegt wird, daß er ein – offenbar erfundenes – Wappen führte. Sein Sohn Isaac, eines von 14 Kindern, übernahm nicht nur das Handwerk des Vaters, sondern auch dessen Lebensauffassung: Begabt und beruflich recht gewandt, stellte er den Broterwerb bisweilen hinter das Vergnügen zurück. Isaac spielte Violine, schätzte die Jagd, edle Kleidung, den höfischen Tanz und trug, ganz gegen die Gewohnheiten seines Standes, stets einen Degen. Belesen und von wachem, kritischem Geist, war Rousseaus Vater ansonsten repräsentativ für den qualifizierten *artisan* der calvinistischen Republik. Er hatte dem System der Volksbildung gemäß mehrere Jahre eine höhere Schule besucht und besaß solide Kenntnisse in Latein, Geschichte, Ökonomie und Politik. Rousseau konnte daher auch in Ansehung seines Vaters mit Recht behaupten: »Ein Genfer Uhrmacher ist ein Mann, der sich überall sehen lassen kann; ein Pariser Uhrmacher taugt nur dazu, über Uhren zu reden« (Brief an Théodore Tronchin, 26. November 1758).

Der Wunsch nach einer gehobenen Lebensführung schien für Isaac in Erfüllung zu gehen, als er am 2. Juni 1704 Suzanne Bernard

ruf des Toleranzedikts gilt daher historisch als »der größte Schnitzer, den Ludwig XIV. jemals machte, und er machte viele« (Nicolas Bouvier).

3 Isaac Rousseau, 1672–1747, Jean-Jacques'
Vater. Anonyme Miniatur

heiratete. Die Familie von Rousseaus Mutter war gegen Ende des 16. Jahrhunderts aus Savoyen nach Genf gekommen und hatte sich, nach den Maßstäben einer ständisch geprägten Gesellschaft, sehr erfolgreich betätigt. Rousseaus Urgroßvater, der vermögende Samuel Bernard, öffnete sein Haus für Gelehrte und Philosophen und vererbte seinem nach ihm benannten Sohn, der den angesehenen Beruf eines Geistlichen ergriff, vor allem die Einsicht in den Wert sorgfältiger Erziehung. Rousseaus Mutter sollte das zugute kommen, denn ihr Vater, Jacques Bernard, verstarb, als Suzanne neun Jahre alt war, und das Kind wuchs bei seinem Onkel Samuel auf. Zu den Grundlagen des calvinistischen Bildungssystems gehörte die Überzeugung, daß Mädchen im Rahmen ihrer Schulung nicht weniger zu fördern seien als Knaben, und Pastor Bernard beherzigte dieses Prinzip. Er lehrte die Tochter seines Bruders Literatur und Geschichte, weckte ihren Sinn für Kunst und Musik. Rousseau berichtet in seiner Autobiographie, den ›Bekenntnissen‹ *(B)*, daß seine Mutter sang und sich auf der Theorbe begleitete, zeichnete und »annehmbare Verse« machte. Insgesamt war die wohlhabende und auch äußerlich ansprechende Suzanne wohl das, was man gemeinhin eine »gute Partie« nennt. Als Isaac Rousseau sie durch Heirat an sich binden konnte, hatte die junge Frau bereits ihren 32. Geburtstag gefeiert und die Avancen einiger Verehrer, auch aus den Kreisen des Genfer Patriziats, entgegengenommen. Rousseaus Ein

Calvinismus ist der Begriff für die protestantischen Lehren, die auf den französischen Reformator Johannes Calvin (eigentlich Jean Cauvin, 1509–1564) zurückgehen. Das Herzstück dieser Lehren bildet die Theorie der sogenannten Prädestination (»Vorherbestimmung«). Ihre ursprüngliche, strenge Fassung betont, daß die Menschen durch die Ursünde zur Verdammnis und nur einzelne allein durch Gottes sogenannte »Gnadenwahl« zur Seligkeit bestimmt sind. Schon gegen Ende des 17. Jahrhunderts zeigt sich aber die gestiegene Bedeutung der Ethik in der Vorstellung, Gott nehme das Bemühen jedes Menschen um richti-

schätzung ist sicher richtig, wenn er mit Blick auf die Konkurrenz um die Gunst seiner Mutter feststellt: »Nicht ohne Mühe hatte mein Vater ihre Hand erhalten.« *(B)*

Möglicherweise gab tatsächlich eine von Rousseau beschworene Seelenverwandtschaft zwischen seinen Eltern den Ausschlag zugunsten des Jugendfreundes Isaac. Suzannes Vater hatte den Ambitionen seiner Familie nicht entsprochen und war in den Stand eines Uhrmachers getreten. Schon dieser soziale Abstieg enttäuschte, obwohl der junge Mann dabei ein ansehnliches Vermögen erwarb. Viel schwerer aber wog, daß Jacques Bernard es mit dem Verhaltenskodex der protestantischen Republik nicht sehr genau nahm. Calvins Versuch, auf Erden das »Neue Jerusalem« zu schaffen, trug ursprünglich keineswegs verbissene Züge. »Ein Mensch, der unfähig ist, laut zu lachen, hat nicht das Recht, sich einen Christen zu nennen«, erklärte der Reformator zu Beginn, doch nach seiner Rückkehr aus dem Straßburger Exil 1541 gehörte diese Leichtigkeit der Vergangenheit an. Ein Theater existierte nicht in Genf; harmlose Vergnügungen wie Kartenspiel, Würfeln oder Backgammon waren ebenso verpönt wie etwa Luxus bei Schmuck oder Kleidung. Selbst die burleske Erotik in Rabelais' Romanen schien den Wächtern christlicher Tugend gefährlich, und erst recht konnten ungeregelte Beziehungen zwischen den Geschlechtern nicht geduldet werden. Diese Einschränkungen wurden zwar nach und nach abgebaut, als gegen Ende des 17. Jahrhunderts eine liberalere Interpretation der calvinistischen Lehre an Einfluß gewann, doch war noch zu Rousseaus Lebzeiten das sogenannte »Konsistorium«, eine Art moralische Polizei, wichtiger Bestandteil des sozialen Systems. Jacques Bernard nun mußte sich vor der Behörde für ein illegitimes Kind verantworten, und auch seine Tochter geriet mehrfach in Konflikt mit den Regularien des kleinen Stadtstaates. Suzanne fiel nicht nur durch den unerlaubten Besuch von Aufführungen wandernder Schausteller in den ärmeren Vierteln am See auf, sondern

---

ges Verhalten mit Wohlwollen auf Die Erhebung zur Seligkeit erscheint dann als »Zusammenwirken zwei verschiedener Handlungen« (Jean La Placette). Ein wesentlicher Grund für den großen Einfluß der calvinistischen Lehren in Nordamerika und Europa liegt in ihrer Aufgeschlossenheit gegenüber kommerzieller und wissenschaftlicher Aktivität. Gerade Genf spielte im 18. Jahrhundert mit Hilfe der produktiven Verbindung von Religion, Kapitalismus und Forschung eine führende Rolle im Bereich von Wirtschaft und Naturwissenschaft.

erhielt auch öffentlichen Tadel für die längere Beziehung zu einem verheirateten Mann. Aus der Sicht der strengen Bernards ein echter Makel, hatten Verstöße gegen die moralischen Standards von Genf in der Familie von Isaac Rousseau gewissermaßen Tradition: Die Festlichkeiten seines Vaters erregten ebenso das Mißfallen des Konsistoriums wie ein unmittelbar nach der Hochzeit geborenes Kind seiner Schwester Théodora, und Isaac selbst geriet immer wieder wegen seines selbstbewußten Auftretens in Mißkredit. Suzanne mag sich in dieser Unbekümmertheit wiedererkannt und in der Verbindung mit dem Handwerker die Möglichkeit zur Distanzierung von der geistigen Enge des Pastorenhaushalts gesehen haben; in jedem Fall, so schreibt Rousseau nicht ohne Pathos über seine Eltern, »blieb ihnen nichts übrig, als sich ihr ganzes Leben zu lieben; sie schworen es, und der Himmel segnete ihren Schwur« *(B)*.

Der Beziehung war allerdings kein langes Glück beschieden. Am 15. März 1705 wurde Rousseaus Bruder François geboren, drei Monate später verließ sein Vater Genf, um für sechs Jahre als »Uhrmacher des Serails« *(B)* in Konstantinopel zu arbeiten. Die Formulierung klingt märchenhaft, doch bereits seit Anfang des 17. Jahrhunderts nutzten Handwerker und Kaufleute vom Genfer See die Stadt am Bosporus als Plattform für den Vertrieb von Waren in die Länder des Orients; 1725 lebten dort etwa 20 Juweliere und Uhrmacher mit ihren Familien. Isaac Rousseaus Entschluß war in erster Linie ökonomisch bedingt, denn der Spanische Erbfolgekrieg Ludwigs XIV. führte in Genf gerade im Bereich von Luxusgütern zu einer schweren Rezession, die etwa bis 1735 andauern sollte. Daneben spielten wohl auch persönliche Gründe eine Rolle. Probleme mit der reichen, bisweilen arroganten Verwandtschaft seiner Frau und das schwierige Zusammenleben mit seiner Schwiegermutter im Haus der Bernards dürften Isaac den Abschied erleichtert haben. Erst nach dem Tod von Suzannes Mutter trat er die Heimkehr an. Im September 1711 traf Isaac wieder in Genf ein, im

So waren die Urheber meines Lebens. Von allen Gaben, mit denen sie der Himmel bedacht hatte, ließen sie mir allein ein gefühlvolles Herz. Während es aber ihr Glück gemacht hatte, wurde es für mich die Quelle allen Unglücks meines Lebens.

Rousseau über
seine Eltern (B)

Juni darauf kam sein zweiter Sohn, Jean-Jacques, zur Welt. »Meine Geburt war mein erstes Unglück« *(B)*, bemerkt Rousseau, denn neun Tage nach der Entbindung starb seine Mutter an den Folgen der Niederkunft. Suzanne Bernard und Isaac Rousseau hatten im Stand der Ehe nicht einmal zwei Jahre wirklich zusammengelebt.

Rousseau verbrachte die erste Zeit seiner Kindheit im Haus der Bernards in der Rue de la Boulangerie, heute Grand' Rue Nr. 40. Das repräsentative Gebäude lag im Patrizierviertel von Genf, hoch über dem See, nicht weit von der Kathedrale St. Pierre entfernt, wo der Junge sechs Tage nach der Geburt die Taufe empfing. Man kann sagen, daß Rousseau als Einzelkind aufwuchs, obwohl sein Bruder bis zum Juli 1718 im Haushalt des Vaters wohnte. François war in der damaligen Terminologie ein *poliçon*, ein »Gassenjunge«, und die Geschwister sahen sich nur selten. Isaac Rousseau gab seinen widerspenstigen älteren Sohn im Alter von 13 Jahren schließlich für kurze Zeit in ein Erziehungsheim. François setzte danach zwar seine Ausbildung als Uhrmacher bei einem anderen Meister fort, brach die Lehre aber irgendwann nach 1722 ab und verließ die Stadt; seine Spur verliert sich in Süddeutschland. »So bin ich der einzige Sohn geblieben« *(B)*, stellt Rousseau fest, doch aus der Melancholie dieser Formulierung darf nicht auf ein ungewöhnliches Schicksal geschlossen werden: Um 1720 lebten in zwei Dritteln der Genfer Familien ohnehin nur noch ein oder zwei Kinder.

Glaubt man seinen Erinnerungen, dann war Rousseau ein recht ausgeglichenes Kind, das gleichsam die Wesenszüge der wichtigsten Bezugspersonen in sich vereinte. An Jean-Jacques' ruhiger Seite hatte wohl seine Tante Suzanne großen Anteil. Isaacs Schwester, die erst 1730 heiratete, übernahm von Beginn an die Stelle einer Mutter und kümmerte sich in liebevoller Weise um den Sohn ihres Bruders. Die ›Bekenntnisse‹ betonen, daß Suzannes sanfte Art das Lebensgefühl des Kindes stark beeinflußte. So verbrachte es einen großen Teil der Zeit bei seiner Tante, sah ihr bei einer Handarbeit

Ich hatte die Fehler meines Alters. Ich war ein Schwätzer, ein Leckermaul, log auch manchmal. Ich mag Früchte, Bonbons, Eßwaren gestohlen haben, aber ich fand nie Freude daran, Böses zu tun, Schaden anzurichten, andere zu beschuldigen oder arme Tiere zu quälen. Ich erinnere mich jedoch, einmal in den Kochtopf unsrer Nachbarin, Frau Clot, gepißt zu haben, während sie der Predigt beiwohnte. (...) Das ist die kurze und wahrhafte Geschichte all meiner kindlichen Missetaten.

Rousseau über sein Verhalten als Kind (B)

zu oder lauschte ihren Liedern. Lebhaftigkeit und Neugier dagegen mochte der Junge dem Vater verdanken. Offenbar konnte Rousseau recht früh lesen, nach seinen Angaben bereits mit etwa zweieinhalb Jahren. Isaac unterstützte diese Begabung seines Sohnes mit der Hilfe von Romanen aus dem Nachlaß seiner Frau, doch bald wurde die Begeisterung für die Erzählungen so groß, daß auch der Erwachsene jedes Maß vermissen ließ.

Mit dem Wechsel zu anspruchsvollen Werken endeten die nächtlichen Sitzungen. Nun trug Jean-Jacques seinem Vater vor, während dieser an der Werkbank arbeitete. Der Junge machte so Bekanntschaft mit Büchern, die ursprünglich Pastor Bernard gehört hatten. Dazu zählten Schriften über Profan- und Kirchengeschichte, Bände mit Dichtung oder Philosophie, vor allem aber Texte antiker Denker wie Ovid oder Plutarch. Offenbar hatten diese Werke zusammen mit der zuvor gelesenen Belletristik starke Wirkung auf das phantasiebegabte Kind. Als nachteilig empfindet Rousseau dabei rückblickend nicht das gelegentlich lächerliche Verhalten des heroisch inspirierten Knaben, sondern die Folgen für seine charakterliche Entwicklung. Die Lektüre vermittelte ihm nach eigenem Zeugnis nicht nur einen auf lange Sicht unflexiblen, oft barschen Stolz, sondern auch vom Leben insgesamt »wunderliche und romanhafte Vorstellungen, von denen Erfahrung und Überlegung mich niemals ganz haben heilen können« *(B).*

In der Forschung wird bis heute die Frage diskutiert, wann das politische Bewußtsein Jean-Jacques' erwacht ist. Rousseau selbst berichtet, daß er als Kind mit seinem Vater über die antike Literatur sprach und so den Wert von Freiheit und Gerechtigkeit schätzenlernte, schreibt aber seine Einsicht in die Aktualität dieser Problematik späterer persönlicher Erfahrung zu. Das hat in Verbindung mit anderen Quellen zu der Ansicht geführt, Isaac Rousseau habe seinem Sohn die Republik Genf auch in ihrer realen Verfassung als Ideal vorgeführt. Diese Darstellung erscheint jedoch

Wir konnten nie vor Beendigung eines Bandes aufhören. Manchmal sagte mein Vater, wenn er morgens die Schwalben hörte, ganz beschämt:»Wir wollen zu Bett gehen. Ich bin ein größeres Kind als du.«
Rousseau über die gemeinsamen
Leseabende mit seinem Vater (B)

zweifelhaft. Im Juni 1717 zog Rousseaus Vater mit seiner Hausgemeinschaft in die Rue de Coutance im Viertel Saint-Gervais am anderen Ufer der Rhône. In dieser Straße, dem Zentrum des Genfer Uhrmacherhandwerks, wohnten viele Mitglieder einer Bewegung, die sich der schleichenden Verlagerung der Kompetenzen auf das Patriziat des Stadtstaates widersetzte. Auch Rousseaus Großvater David lebte hier und engagierte sich für die Restauration der ursprüng-

lichen politischen Egalität. Isaacs Vater gehörte, ebenso wie Rousseaus Eltern, zu den *citoyens*, den »Staatsbürgern«, und damit formal zur obersten Klasse der Genfer Bevölkerung. Während sein Sohn in Konstantinopel war, beteiligte sich David unter anderem an der blutig niedergeschlagenen Kampagne von 1707, die im Zeichen einer fortschreitenden Spaltung zwischen rezessionsgeplagtem Handwerk und prosperierender Handels- und Finanzwirtschaft die Rückkehr zur Rechtslage vergangener Tage forderte. Es ist durchaus denkbar, daß Isaac Rousseau dem Beispiel seines Vaters folgte. Der Umzug in den Stadtteil seiner Jugend mochte zugleich finanziell motiviert sein und den tief getroffenen Mann vom Verlust seiner Frau ablenken, aber er fällt in eine Phase starker oppositioneller Aktivität, die 1715 durch eine fragwürdige Steuererhebung ausgelöst wurde und drei Jahre später ihren Höhepunkt erreichte. David Rousseau hatte demonstriert, daß aristokratischer Habitus und staatsbürgerliche Gesinnung vereinbar waren, und so ist es kaum plausibel, dem auf seine Rechte bedachten, äußerst stan-

4 Die Place de Coutance im Viertel Saint-Gervais, Zentrum des Genfer Uhrmacherhandwerks. Stich von C. G. Geissler (Ausschnitt)

desbewußten Isaac Sympathie für die Anmaßungen des Patriziats nachzusagen. Konnte Jean-Jacques in einer Atmosphäre heftiger politischer Agitation ohne Eindruck von den konkreten Zerwürfnissen in seiner Heimat bleiben? Es läßt sich kaum beantworten, ob der kleine Junge in dieser Hinsicht von seinem Vater tatsächlich abgeschirmt wurde oder sich das Gehörte nur nicht zu erklären wußte, doch unbestritten ist, daß Rousseau in den ›Briefen vom Berge‹ fast 45 Jahre später die kämpferische Tradition seiner Familie fortsetzte.

Der Zustand häuslicher Stabilität endete abrupt, als Isaac Rousseau im Oktober 1722 in den Straßen von Genf zufällig auf Pierre Gautier traf. Vier Monate zuvor hatte sich der stolze Handwerksmeister während einer Jagdpartie von dem ehemaligen Offizier ermahnen lassen müssen, dessen Land nicht zu betreten, und nun sah er die Gelegenheit, diesen Vorfall mit einem Duell außerhalb der Stadt zu bereinigen. Gautier aber wies das Ansinnen Isaacs mit der Bemerkung zurück, bei »Leuten seiner Sorte« diene ihm der Degen »nur als Stock«. In jähem Zorn zog Rousseaus Vater daraufhin die Waffe und verletzte den Widersacher durch einen Hieb im Gesicht. In der Folge zeigte sich, daß Isaacs Bindung an die Heimat keineswegs sonderlich stark war. Ein blanker Degen innerhalb der Stadtmauern und Gautiers Beziehungen zum Patriziat ließen eine Verurteilung erwarten, und so ignorierte der Uhrmacher die Vorladung durch die Behörden und siedelte schon zwei Tage nach dem Ereignis an das Nordufer des Sees über, nach Nyon. Die Liebe zum Vaterland sei die »stärkste Leidenschaft« des Vaters gewesen, erklären die ›Bekenntnisse‹, doch Isaac Rousseau sollte bis zu seinem Tod nur noch gelegentlich Genfer Boden betreten.

Und Jean-Jacques? Isaac vertraute den Zehnjährigen kurzerhand dem Bruder seiner verstorbenen Frau an, Gabriel Bernard.

5 Das Presbyterium des Pfarrbezirks Bossey-sur-Salève, wo Jean-Jacques von Pastor Lambercier unterrichtet wurde.

Der Ingenieur erkannte schnell, daß die Zeit für eine systematische Erziehung längst gekommen war. Gemeinsam mit seinem Sohn Abraham schickte er den Jungen zu Pastor Jean-Jacques Lambercier. Der Geistliche betreute die Gemeinde des nur wenig südlich von Genf gelegenen Dorfes Bossey, das politisch zwar zum katholischen Savoyen gehörte, bis 1754 aber der reformierten Kirche unterstand. Bernard und seine Frau, Isaacs Schwester Théodora, hatten kaum Sinn für eine intensive Beschäftigung mit Kindern und vereinbarten daher für die Knaben eine Ausbildung *en pension*. In den beiden folgenden Jahren lebte Rousseau also in dem kleinen Ort am Fuß des Mont Salève, inmitten einer ländlichen Idylle und fern von der Unruhe der Stadt.

Lamberciers Bildung entsprach dem hohen Standard calvinistischer Priesterschulung, und so wurden Jean-Jacques die Grundlagen des Lateinischen, die Regeln der Mathematik und die Vorschriften des Katechismus nahegebracht. Obwohl der Autor des Erziehungsromans ›Émile‹ rückblickend mit überlegenem Gestus von »all dem nichtigen Kram« *(B)* spricht, war ihm der erste und letzte professionell organisierte Unterricht seines Lebens sicher von hohem Nutzen. Es scheint, daß Lambercier dabei geschickt das Interesse am Lernen wachhielt, indem er insgesamt auf übertriebene Reglementierung verzichtete. Dem Knaben blieb genug Zeit, um das Leben auf dem Land für sich zu entdecken, und Rousseau mißt dieser Erfahrung einen hohen Stellenwert zu. Nach seinem Zeugnis legte die Beschaulichkeit seines Daseins nicht nur den Grundstein für eine dauerhafte Liebe zur Natur, sondern machte ihm auch das Gefühl echter Freundschaft zugänglich. Die ungewöhnliche Fürsorge, die Jean-Jacques in Genf erhielt, hatte den Kontakt mit Gleichaltrigen weitgehend verhindert, doch nun fand der Junge in seinem Cousin einen Kameraden, mit dem er Freuden und Kümmernisse teilen konnte.

Die unbeschwerten Tage konnten nicht ewig dauern, und in der Tat warf Rousseaus Pubertät ihre Schatten voraus. Die Sexualität

> (...) ein Beispiel, das vielleicht einzig ist, seit es Kinder gibt.
> *Rousseau über die Beziehung*
> *zu seinem Cousin Abraham (B)*

des Jungen begann zu erwachen, aber dieser Vorgang war mit mehr als den gewöhnlichen Problemen beladen. Jean-Jacques stellte fest, daß er eine körperliche Züchtigung durch Lamberciers Schwester Gabrielle nicht wie eine Strafe, sondern eher wie ein sinnliches Erlebnis aufnahm. Rousseau bezeichnet den masochistischen Akzent dieser Erfahrung offen als repräsentativ für seine geschlechtliche Orientierung, doch scheinbar hat er seine Neigung nie realisiert. Das Verlangen des Knaben jedenfalls blieb unerfüllt. Die aufmerksame Mademoiselle Lambercier überließ handgreifliche Bestrafungen schnell ihrem Bruder und wies Jean-Jacques für die Nächte sein eigenes Zimmer zu – eine »Ehre, auf die ich gern verzichtet hätte« *(B)*, kommentiert Rousseau ironisch.

Eines Tages wurde der Junge ohne Grund beschuldigt, einen Kamm von Gabrielle Lambercier zerbrochen zu haben. Da alle Umstände gegen ihn sprachen, mußten seine Beteuerungen wie freches Leugnen wirken, und entsprechend streng fiel die Strafe aus. Rousseau berichtet, daß ihn diese erste Erfahrung von Ungerechtigkeit auf Dauer für jedes unlautere Verhalten sensibilisierte, nach den Angaben der ›Bekenntnisse‹ offenbar selbst für die Qualen, die etwa ein Tier dem anderen zufügen mochte. Der Pastor und seine Schwester konnten die Wirkung der Begebenheit nicht ermessen und kehrten zum Alltag zurück, doch die Welt des Kindes war nicht mehr die gleiche. Jean-Jacques verlor durch die Demütigung das Vertrauen zu den Lamberciers und die Freude an der ländlichen Lebensart. Bossey schien nicht länger der richtige Ort, und so kehrte der Junge bald darauf nach Genf zurück. Rousseau zieht die Bilanz dieser Episode nicht ohne Bitternis: »Damit hatte die Heiterkeit meiner Kindheit ein Ende.« *(B)*

Den Winter 1724/1725 verbrachte Jean-Jacques im Haus seines Onkels Gabriel und nahm auf dessen Geheiß zu Beginn des Jahres eine Ausbildung in der Kanzlei von Jean-Louys Masseron auf. Man trennte sich jedoch schnell wieder, da der Gerichtsschreiber das

Die Geschichte um die **Bewässerungsanlage** gehört zu den bekanntesten Episoden aus Rousseaus Autobiographie. Jean-Jacques und sein Cousin wollten eine selbstgepflanzte Weide mit Wasser versorgen und entwickelten deshalb eine Leitung, die dem benachbarten Nußbaum einen Teil der Gießmenge entziehen und ihrem Bäumchen zuführen sollte. Die Konstruktion tat ihren Dienst, doch die Jungen verrieten sich durch Freudenschreie. Rousseau berichtet von Lamberciers Reaktion: »Betroffen darüber, das Wasser auf zwei Gruben verteilt zu sehen, schreit er seinerseits auf, blickt sich um, bemerkt den Schelmenstreich,

Desinteresse seines Schülers kaum übersehen konnte. Rousseau mag die Entlassung begrüßt haben, aber eigentlich geriet er vom Regen in die Traufe. Bernard hatte die Freude des Jungen am Zeichnen registriert und übergab ihn im April an den Graveur Abel Ducommun, einen herrischen und unsensiblen Menschen. Das Lehrverhältnis sah vor, daß der Auszubildende im Haus des Meisters lebte, und auf diese Weise war Jean-Jacques nun andauernder Kontrolle und Bevormundung ausgesetzt. Seine Abneigung gegen jede Form von Zwang

6 Das Aquädukt. Stich von Jean-Jacques-François Le Barbier

provozierte schnell den Versuch, sich mit allen Mitteln Freiraum zu verschaffen. Rousseau begann daher »das Lügen, Faulenzen und Stehlen« *(B)*, ein hartes Urteil über das Unterfangen des Knaben, mit etwas Geschick einem unerträglichen Regiment zu entkommen. Später erinnerte sich Jean-Jacques dann seiner Leselust und gab damit dem Bemühen um Selbstbestimmung eine produktive Wendung. Vom Verbot seines Meisters zusätzlich motiviert, entwickelte er einen fast manischen Hang zu Büchern: »Gute und schlechte, alles kam an die Reihe, ich wählte nicht, ich las alles mit gleicher Gier.« *(B)* Als schließlich die Buchverleiherin seine Nachfrage nicht mehr befriedigen konnte, war der Junge bei der Flucht aus der unangenehmen Realität in eine bessere Welt auf seine Vorstellungskraft angewiesen und begann, die Gestalten aus den Büchern nach seinen Wünschen umzuformen. Hier liegt der Ursprung der Tag-

läßt sich schnell eine Hacke bringen, führt einen Schlag, läßt zwei oder drei Stücke von unseren Brettchen auffliegen und, aus vollem Halse schreiend ›Ein Aquädukt! Ein Aquädukt!‹, führt er nach allen Seiten unbarmherzige Schläge, deren jeder uns mitten ins Herz traf. In einem Augenblick waren die Brettchen, die Leitung, das Bassin, die Weide, war alles zerstört, alles aufgewühlt, ohne daß er während dieses schrecklichen Vorgangs ein anderes Wort hervorgebracht hätte als jenen Ausruf, den er fortwährend wiederholte. ›Ein Aquädukt!‹ schrie er, alles zerschlagend. ›Ein Aquädukt! Ein Aquädukt!‹« *(B)*

träumerei, die Rousseau sein ganzes Leben pflegen sollte und die er später mit den Worten beschrieb: »Ich schuf mir nach meiner Phantasie ein Goldenes Zeitalter (…).« (›Vier Briefe an Malesherbes‹ [BaM])

Knapp drei Jahre dauerte Jean-Jacques' Martyrium, dann kam ihm der Zufall zu Hilfe. Der Junge hatte sich nur notdürftig mit seiner Situation arrangiert und litt unter der Unduldsamkeit seines Meisters ebenso wie unter den seelischen Zwängen der Pubertät. Ablenkung boten allein gelegentliche Besuche beim Vater in Nyon, belanglose Tändeleien mit Mädchen oder sonntägliche Ausflüge vor die Mauern der Stadt. Diese Exkursionen bargen für Rousseau stets ein besonderes Risiko, denn Ducommun geriet in heftigen Zorn, wenn sein Lehrling nicht rechtzeitig zurückkehrte. Am 14. März 1728 nun war die Situation besonders prekär, denn Jean-Jacques hatte schon zweimal Prügel bezogen und mußte bei einer weiteren Verspätung mit äußerster Strenge rechnen. Der Knabe bedachte das und trat mit seinen Freunden den Heimweg früh genug an, um die Stadt vor Dunkelheit zu erreichen, aber die Rechnung ging nicht auf. Der Dienstplan der Wache übertrug Hauptmann Minutoli an diesem Sonntag die Verantwortung für die Sicherheit von Genf, und der Offizier veranlaßte die Schließung der Tore, wie es seiner Gewohnheit entsprach, eine halbe Stunde vor der regulären Zeit. So hob sich die Zugbrücke vor den Augen des verzweifelten Jean-Jacques und überließ den Jungen der Aussicht auf eine kalte Nacht und einen schlimmen Empfang in der Stadt. Rousseau beschloß auf der Stelle, der Tyrannei seines Meisters endgültig zu entsagen. Am nächsten Morgen kehrte er seiner Heimat den Rücken, und er sollte sie erst Jahre später wieder betreten.

Ich war mit zwei Kameraden auf dem Heimweg. Eine halbe Meile vor der Stadt höre ich die Retraite blasen, ich verdopple den Schritt; ich höre trommeln, ich laufe aus Leibeskräften, atemlos und ganz in Schweiß lange ich an. Das Herz klopft mir. Ich sehe von fern die Soldaten auf ihren Posten; ich laufe herbei, ich schreie mit erstickter Stimme. Es war zu spät. Zwanzig Schritt von der Außenwache entfernt, sehe ich die erste Zugbrücke sich heben. Ich zittere, als ich diese schrecklichen Hörner in der Luft sehe, das unheilverkündende und verhängnisvolle Zeichen des meiner wartenden unvermeidlichen Schicksals.
Rousseau über den Abend des 14. März 1728 (B)

Madame de Warens

Was nun? Rousseau begann den neuen Abschnitt seines Lebens keineswegs verzagt, und in der Tat war Unterstützung für den Jungen nicht fern. Das Haus Savoyen hatte Mitte des 16. Jahrhunderts seinen Sitz von Chambéry nach Turin verlegt, in das Herzogtum Piemont. Savoyen selbst litt zwar in seiner sozialen und ökonomischen Entwicklung unter dieser Veränderung, gewann aber im Gegenzug die Funktion eines ideologisch bedeutsamen Vorpostens: Geographisch direkt konfrontiert mit der religiösen Hegemonie der Städte Genf und Bern, begriffen sich Klerus und Adel der Provinz als Werkzeuge der Gegenreformation. Der minderjährige Knabe aus der Hochburg des Calvinismus schien dabei ein ideales Objekt, und tatsächlich hatte Rousseau wenig Einwände gegen den Vorschlag, zum rechten Glauben zurückzukehren. Der Geistliche des kleinen Ortes Confignon sorgte für Verpflegung und schickte ihn dann weiter nach Annecy, dem Sitz des Bischofs. Rousseau sollte dort bei der Baronin Madame de Warens vorsprechen und nach ihrer Maßgabe seinen Übertritt zum Katholizismus vorbereiten. Als Jean-Jacques am 21. März 1728 in Annecy eintraf, rechnete er allerdings nicht damit, in der adligen Dame über viele Jahre hinweg einen Bezugspunkt für sein Denken und Fühlen zu finden. Die ›Bekenntnisse‹ nennen die Folgen der langen Beziehung: »Diese Epoche meines Lebens hat über meinen Charakter entschieden.«

7 Madame de Warens (unbestätigt), 1699–1762. Anonymes Gemälde

Die Persönlichkeit von Françoise-Louise de la Tour de Chailly, Baronne de Warens, war durchaus bemerkenswert. Geboren in Vevey am nördlichen Ufer des Genfer Sees und aufgewachsen im Milieu der protestantischen Oberschicht, mußte das Mädchen bereits mit 14 Jahren in die Ehe mit einem deutlich älteren Mann einwilligen. Diese Verbindung verschaffte ihr zwar den Titel der Baronin, verurteilte sie aber zugleich zu einer freudlosen Existenz im ländlich geprägten Kanton Vaud. Zwölf Jahre harrte Madame de Warens aus, dann floh sie über den See nach Savoyen, wo französische Kultur und Lebensart ein angenehmeres Dasein ermöglichten. Sie brachte einige Gegenstände aus ihrem Besitz mit, Erinnerungen an die frühverstorbene Familie und die Gewißheit, daß ihre pietistisch beeinflußte Religiosität sich auch mit dem Katholizismus arrangieren konnte. Der Abbruch aller Beziehungen zur Schweiz machte die junge Frau allerdings weitgehend mittellos und versetzte sie in eine Abhängigkeit von Gönnern, der stets Rechnung getragen werden mußte. Zwar galt die adlige Dame den Autoritäten des Königreichs als spektakuläres Beispiel für den erfolgreichen Kampf gegen die Ketzerei und durfte sich daher einer jährlichen Pension aus Turin erfreuen, doch das Geld war für eine sehr freigebige Person äußerst knapp bemessen. Madame de Warens versuchte, diesen Mißstand durch ökonomische Aktivitäten zu beheben, scheiterte aber stets an einem fehlenden Sinn für wirtschaftliches Kalkül. Ihre Vielseitigkeit und organisatorische Begabung standen in krassem Gegensatz zu einer eher intuitiven Form der Entscheidungsfindung, und daher blieben die Investitionen in Zucker, Strümpfe, Seife, Geschirr, Agrarprodukte, Heilmittel, Schokolade oder Bodenschätze in aller Regel ohne Gegenwert. Offenbar war sie so blind für ihren auf lange Sicht drohenden finanziellen Ruin, daß auch Rousseau später resignierte: »Was blieb mir, nachdem ich tausendmal die Zwecklosigkeit meiner Vorhaltungen erfahren hatte, übrig, als die Augen von dem Übelstand abzukehren, den ich nicht verhüten konnte?« *(B)*

Ich sah ein Gesicht voll Liebreiz, schöne blaue Augen voller Sanftmut, eine blendende Gesichtsfarbe, die Umrisse eines bezaubernden Busens. (…) Sie hatte eine liebreizende und zärtliche Miene, einen sehr sanften Blick, ein engelsgleiches Lächeln, einen Mund so groß wie der meinige, aschblondes Haar von ungewöhnlicher Schönheit, das sie etwas nachlässig trug, was ihr großen Reiz verlieh. Sie war klein von Gestalt, sogar gedrungen, und etwas kräftig in der Taille, ohne daß es unschön gewesen wäre.

Rousseau über Madame de Warens (B)

Als Jean-Jacques der Baronin das erstemal begegnete, stand sie kurz vor ihrem 29. Geburtstag und machte auf den Knaben sogleich starken Eindruck. »Wie wurde mir bei diesem Anblick!«, schwärmen die ›Bekenntnisse‹ vom Äußeren der Dame, doch wesentlich bedeutsamer für Rousseaus Entwicklung war ihre oft mitreißende Emotionalität. Bereits das erste längere Gespräch wirkte gleichsam katalytisch auf den jungen Flüchtling: »Während ich ihr erzählte, fand ich das ganze Feuer wieder, das ich bei meinem Meister verloren hatte.« *(B)* Frau von Warens war der Knabe sehr sympathisch, aber sie sah sich zunächst ihren Mäzenen verpflichtet. Schon wenige Tage später sandte sie Jean-Jacques nach Turin, wo er den Wechsel zum katholischen Glauben vollziehen sollte. Auf dieser Reise nun entdeckte Rousseau seine große Liebe zum Wandern, deren Beschreibung das Lebensgefühl der Romantik so sehr geprägt hat. Begleitet wurde er auf seinem Weg von einem »Geschäftsmann« und dessen Frau, »die sich tags ruhiger verhielt als nachts« *(B)*. Die Ironie dieser Formulierung zielt auf den ahnungslosen Jean-Jacques, der sich auch mit 15 Jahren die »lärmende Schlaflosigkeit« *(B)* des Ehepaares noch nicht recht zu erklären wußte.

Turin war zu dieser Zeit im wahrsten Sinne des Wortes eine Baustelle, denn der Herrscher von Piemont und Savoyen bemühte sich, dem erst 1712 erlangten Titel eines Königs auch auf dem Feld der Repräsentation gerecht zu werden. Dennoch zeigte die Stadt schon jetzt ein Ausmaß an Pracht, das den Genfer Handwerkersohn tief beeindruckte. Zu den weniger prunkvollen Bauten gehörte allerdings das Hospiz »Santo Spirito«, dessen Verzeichnisse Jean-Jacques' Ankunft für den 12. April 1728 ausweisen. Es scheint, daß das etwas vernachlässigte Gebäude ein entsprechendes Publikum anzog, denn der irritierte Knabe geriet in eine Gruppe von männlichen Taufwilligen, die »mehr Bogenschützen des Teufels glichen als Anwärtern auf die Gotteskindschaft« *(B)*. Kaum besser bestellt war es um die weiblichen Kandidaten, im Urteil Rousseaus »die größten Schlam-

Alles, was ich sah, schien mir mein nahes Glück zu verbürgen. In den Häusern glaubte ich ländliche Feste zu sehen, auf den Wiesen ausgelassene Spiele, die Flüsse entlang Bäder, Spaziergänge, Fischzüge, auf den Bäumen köstliche Früchte, unter ihrem Schatten wollüstige Zusammenkünfte, auf den Bergen Fässer voll Milch und Sahne, reizenden Müßiggang, Frieden, Einfachheit, Lust zu gehen, ohne zu wissen, wohin.

Rousseaus berühmter Bericht
über seine Reise nach Turin (B)

pen und die gemeinsten Stromerinnen, die je Gottes Schafstall verpestet haben« *(B).* Als der Junge sich auch noch der Annäherung eines homosexuellen Mitschülers erwehren mußte, sehnte er sich nur noch den Tag der Entlassung herbei. Seine Geduld wurde auf keine lange Probe gestellt. Bereits am 21. April sagte er sich vom Calvinismus los und trat zwei Tage später zum katholischen Glauben über – am Ende offenbar ein wenig spektakulärer Vorgang: »Man empfahl mir, als guter Christ zu leben, der Gnade treu zu bleiben, wünschte mir alles Gute, schloß hinter mir die Tür, und alles war vorbei.« *(B)*

Obwohl ihn die Rückkehr in den Schoß der wahren Kirche vorläufig ohne weitere Unterstützung in eine fremde Stadt versetzt hatte, blieb Rousseau zuversichtlich und nahm voller Freude die vielen neuen Eindrücke in sich auf: prächtige Paläste, italienische Musik, schöne Mädchen. Er schlief »für einen Sou die Nacht« *(B)* in einer Herberge, und bot, als das Geld zur Neige ging, in den Geschäften Turins seine Fähigkeiten als Graveur an. Der Versuch, die abgebrochene Lehre zu nutzen, hatte finanziell jedoch kaum meßbaren Erfolg, und so trat Jean-Jacques Anfang 1729 schließlich eine Stelle als Lakai im Haus des Grafen von Gouvon an. Bald schon wurde er durch sein aufmerksames und intelligentes Wesen »eine Art Günstling« *(B)*, und der Adlige ließ ihn durch seinen eigenen Sohn in den Regeln der Dichtkunst und den Grundlagen des Italienischen unterrichten. »Alles ging wunderbar« *(B)*, berichtet Rousseau, doch der Knabe verspielte jede Aufstiegschance, weil die Nöte des Heranwachsens ihn inzwischen völlig in Beschlag nahmen. Eine Weile suchte er nach eigenem Zeugnis sogar abgelegene Plätze auf, um aus der Ferne vor weiblichen Personen sein Hinterteil zu entblößen. Dieses Verhalten führte zwar zu einigen grotesken Situationen, nie jedoch zu der ersehnten Züchtigung, und wahrscheinlich hätte auch sie den Knaben nicht wirklich befriedigt. »Ich war unruhig, zerstreut, träumerisch; ich weinte, seufzte, ersehnte ein Glück, von dem ich keine Vorstellung hatte und das ich doch

---

Das Verhältnis zwischen Rousseau und seinem **Vater** entwickelte sich nicht unbedingt positiv. Jean-Jacques registrierte mit Enttäuschung, daß Isaac Rousseau wenig daransetzte, seinen einzigen Sohn in Genf oder gar Nyon zu halten. Wahrscheinlich greift Rousseau zu kurz, wenn er den Ursprung der Ablehnung allein darin sieht, daß Isaac durch die Abwesenheit seines Sohnes finanziell stärker am Nachlaß seiner Frau partizipierte. Rousseaus Vater hielt insgesamt wenig vom Werdegang Jean-Jacques'. Sicher litt er unter der Unfähigkeit des Sohnes, eine sinnvolle Berufswahl zu treffen; entscheidend für die distanzierte Haltung Isaacs

entbehrte« *(B)*, schildert Rousseau eine Gemütsverfassung, die sich leicht für vermeintlich großartige Vorhaben begeistern ließ. Als ihm ein lebenslustiger Bekannter aus Genf von einer langen Wanderung sprach, gab es für den Jungen kein Halten mehr. »Ich sah dabei nur das unaussprechliche Glück dieser Reise, an deren Ziel sich mir noch obendrein, wenn auch in unermeßlicher Ferne, Frau von Warens zeigte«, heißt es in den ›Bekenntnissen‹. Ohne weitere Bedenken provozierte er seine Entlassung und machte sich auf den Weg nach Annecy. Im Frühsommer 1729 traf er dort voll nervöser Erwartung ein, aber der Empfang durch Madame de Warens war überaus freundlich. Sie entschied, Fragen der Schicklichkeit zu ignorieren und Rousseau vorläufig bei sich zu behalten: »Man mag sagen was man will! Doch da die Vorsehung ihn mir zurückschickt, bin ich entschlossen, ihn nicht zu verlassen.« *(B)*

Ihr Schützling bezog ein eigenes Zimmer im kleinen Haus der Baronin, unweit der Stelle des ersten Zusammentreffens. Dieses Domizil war um vieles schlichter als die Adelspaläste in Turin, doch Jean-Jacques vermißte nichts. Er genoß die Aussicht auf Gärten und Felder, die einfache Küche und die Gesellschaft der freundlichen Dame, deren bloße Gegenwart ihn glücklich machte. Die Wahl der Namen, an der beide Seiten stets festhielten, illustriert den familiären Charakter der Intimität in den ersten Jahren der Beziehung: »Ich hieß ›Kleiner‹, sie ›Mama‹.« *(B)*

Vielleicht schwächte der Wunsch, das Leben mit Frau von Warens unbegrenzt fortzusetzen, Rousseaus Engagement für eine Ausbildung zum Geistlichen. Seinen Angaben zufolge scheiterte er allerdings an der Unfähigkeit, unter Zwang sinnvoll zu studieren. Dennoch war die Zeit im Lazaristenseminar von Annecy keineswegs verloren, denn der Junge wurde sich dort mit Hilfe einer Ausgabe der Kantaten von Louis Clérambault seiner Freude an der Musik bewußt. »Ich muß gewiß fur diese Kunst geboren sein, da ich sie schon als Kind zu lieben begann und sie die einzige ist, die

dürfte aber die Abkehr des Knaben vom Calvinismus gewesen sein. Rousseau ermahnt seinen Vater in einem Brief vom 26. Juni 1735 nicht ohne Grund, gegenüber Madame de Warens »keine Vorurteile zu haben«. Isaac blieb sein Leben lang voll Mißtrauen gegenüber dem Katholizismus und der Welt, die er reprä-

sentierte, und eine Weile hatte Jean-Jacques' Bindung an diese Welt für ihn offenbar die Bedeutung, als habe er sein einziges Kind verloren. Rousseau jedenfalls muß, wie ein Brief an seinen Vater vom Frühsommer 1731 zeigt, bestürzt zur Kenntnis nehmen, »daß Sie mich nicht mehr als Ihren Sohn betrachten«.

ich mein ganzes Leben beständig geliebt habe« *(B)*, erklärt Rousseau, und in der Tat erwies sich diese Neigung als eine der wenigen Konstanten seines Daseins. Kurz entschlossen und mit »Mamas« Einverständnis trat Jean-Jacques im Winter 1729 der Schule des Domkapellmeisters Le Maître bei. Es scheint, daß dort der Grundstein für seine späteren musikalischen Erfolge gelegt wurde. Der Knabe erwarb erste Kenntnisse in Satztechnik und Transkription, lernte oder vertiefte den Umgang mit Cembalo, Flöte, Orgel und Cello und arbeitete weiter an seinem äußerst ansprechenden Gesang. Die heitere und ungezwungene Zeit in der Kantorei gehört für Rousseau zu den schönsten Erinnerungen überhaupt, aber im Frühjahr 1730 ging auch dieser Lebensabschnitt zu Ende.

Le Maître hatte sich mit dem Domkapitel zerstritten und deshalb beschlossen, Annecy gerade zur Ostermesse zu verlassen. Jean-Jacques begleitete ihn auf Anweisung von Madame de Warens bis nach Lyon, doch als er wieder in Annecy eintraf, war »Mama« auf unbestimmte Zeit nach Paris abgereist. Weder Rousseaus eigene Aussagen noch die Forschungen der vergangenen Jahre haben letzte Gewißheit darüber gebracht, welche Motive die Baronin bewegten; Jean-Jacques jedenfalls erlag ohne ihre fürsorgliche Kontrolle umgehend der Versuchung des Augenblicks. Er schloß sich dem jungen Venture de Villeneuve an, der bereits seit Februar des Jahres in Annecy weilte und »für einen liebenswürdigen Wüstling gelten konnte« *(B)*. Beinahe wäre Rousseau im Sog des Lebemannes der Geistesgeschichte verlorengegangen, doch das unbeschwerte Dasein, das in der Erzählung von der Kirschenernte seinen schönsten Ausdruck gefunden hat, dauerte nicht ewig. Jean-Jacques rechnete

Ich beginne feierlich den Takt zu schlagen; man beginnt … Nein, so lange es französische Opern gibt, hat man eine ähnliche Katzenmusik nie vernommen. Was man auch von angeblichen Talente gedacht haben mochte, die Wirkung war schlimmer als alles, was man zu erwarten schien. Die Musiker erstickten vor Lachen, die Zuhörer rissen die Augen weit auf und hätten sich gern die Ohren zugehalten; aber auch das half nichts. Die unbarmherzigen Musiker wollten sich gütlich tun und kratzten, daß die Trommelfelle aller Blinden des Pariser Spitals zersprungen wären. Ich quälte mich unverdrossen weiter ab, ich schwitzte freilich große Tropfen, aber die Scham hemmte mich, zu fliehen und alles im Stich zu lassen. Zu meiner Tröstung hörte ich um mich die Anwesenden sich ins Ohr, oder vielmehr mir ins Ohr, flüstern: »Es ist nicht auszuhalten!« – »Welch tolle Musik!« – »Was für ein Hexensabbat!«
Rousseau über den Vortrag seiner ersten Komposition 1730 in Lausanne (B)

nur mit einer Abwesenheit von etwa acht Tagen, als er einwilligte, das Kammermädchen von Madame de Warens nach Fribourg zu begleiten. Tatsächlich aber sollte er erst im Herbst des nächsten Jahres zu »Mama« zurückkehren und in der Zwischenzeit verwirklichen, was er sich eigentlich schon bei seiner Abreise aus Turin vorgenommen hatte: »das Leben eines wahren Vagabunden zu beginnen« *(B).*

Die Ereignisse der folgenden Zeit lassen sich nur in Umrissen rekonstruieren. Rousseau besuchte auf dem Weg nach Fribourg seinen Vater in Nyon, brachte dann das Mädchen zu

8   Die Kirschenernte. Stich von Jean-Jacques-François Le Barbier

ihren Eltern und reiste anschließend weiter nach Lausanne, wo er als Musiklehrer aus Paris auftrat und seine Dienste anbot. Den Winter 1730/1731 verbrachte er in Neuchâtel; auch hier erteilte er Unterricht. Im Frühjahr zog Jean-Jacques dann als Dolmetscher mit einem angeblichen Prälaten aus Griechenland über Fribourg und Bern nach Solothurn, dem politischen Zentrum der Schweiz. Dort wurde der selbsternannte Geistliche entlarvt, und Rousseau kehrte im Mai noch einmal für kurze Zeit nach Neuchâtel zurück. Schließlich ging er auf Empfehlung der französischen Diplomaten in Solothurn nach Paris, um dem Neffen eines Offiziers als Tutor zu dienen. Aber auch seine Träume von einer glorreichen militärischen Laufbahn verflüchtigten sich schnell. »Viel Liebenswürdigkeit und wenig Förderung« *(B)* erwarteten ihn, und so nahm er das Gerücht

Ich stieg auf den Baum und warf ihnen Büschel herab, und sie warfen mir durch die Zweige die Kerne zurück. Einmal stellte sich Fräulein Galley, mit aufgehaltener Schürze und zurückgeworfenem Kopf, so günstig hin, und ich zielte so gut, daß ich ihr ein Büschel in den Busenausschnitt warf; man kann sich das Gelächter denken! Ich sagte mir: Warum sind meine Lippen keine Kirschen! Wie gern würde ich sie da hineinwerfen!

Rousseaus Beschreibung
der Kirschenernte (B)

von einer Heimreise »Mamas« zum Anlaß, die Hauptstadt schon bald wieder zu verlassen. In Lyon suchte Jean-Jacques eine Bekannte auf, die ihm versprach, sich um Nachricht von der Baronin zu bemühen. Als eine Botschaft von Madame de Warens ihn schließlich rief, trat Rousseau voller Freude den Heimweg an. Die letzte große Wanderung seines Lebens führte ihn nach Chambéry, dem neuen Wohnort von »Mama«. Im Herbst 1731 traf er dort ein und fand seine Freundin liebevoll wie einst. Die Zeit der *vagabondage*, so schien es, war endgültig vorüber.

Auf Geheiß der Baronin trat Rousseau eine Stelle als Sekretär beim savoyischen Katasteramt an, doch trotz seiner Freude am Zeichnen dauerte es nicht lange, bis die Abneigung gegen jedes Reglement ihn auch hier zur Aufgabe bewegte. Ein zwangloses Leben im Bereich der Musik schwebte ihm vor, und schließlich kam »Mama« seinen Bitten nach. Am 7. Juni 1732 gab er sein Amt auf und unternahm kurz darauf eine Reise nach Besançon, um den gewünschten Beruf bei einem bekannten Musiker zu erlernen. Das Vorhaben scheiterte, weil der avisierte Lehrer die Stadt verließ, und so kehrte Jean-Jacques umgehend nach Chambéry zurück und verlegte sich erneut auf die Erteilung von Unterricht. »Im Reiche der Blinden ist der Einäugige König« *(B)*, bemerkt Rousseau dazu selbstkritisch; gleichwohl wurden seine Dienste von den Damen der Gesellschaft gern in Anspruch genommen. Dabei war sicher auch von

Bedeutung, daß sich der Knabe inzwischen zu einem recht ansehnlichen jungen Mann entwickelt hatte. Schlank und eher klein von Statur, vermochte sein markantes, von schwarzen Haaren und Augenbrauen umrahmtes Gesicht mit den lebhaft leuchtenden Augen durchaus

9 Rousseau als Flötenspieler. Zeichnung von Jean-Antoine Linck

zu begeistern. Auch Madame de Warens registrierte diese Entwicklung, und im Laufe des folgenden Jahres traf sie eine wichtige Entscheidung.

Das Haus »Mamas« in Chambéry hatte nichts von dem Charme ihres Domizils in Annecy. Madame de Warens wollte das Anwesen dennoch nicht aufgeben, denn sein Eigentümer war als Schatzmeister der Krone maßgeblich für ihre Pension verantwortlich. Immerhin bot ein kleiner Garten mit Sommerhaus am Rand der Stadt die Gelegenheit zum Rückzug. Rousseau verbrachte viel Zeit mit der Ausstattung des idyllischen Ortes, doch in den ›Bekenntnissen‹ bestreitet er ausdrücklich, »Mamas« Vorschlag geahnt zu haben. So war der junge Mann geradezu erschrocken, als Madame de Warens ihm anbot, hier die Zeit seiner Unschuld zu beenden. Jean-Jacques hatte in der kinderlosen Dame über die Jahre eher eine mütterliche Vertraute gesehen und angeblich ohnehin »keine Vorstellung davon, wie ein Mädchen und ein Bursche es anstellen könnten, zusammen zu schlafen« (B). Diese Bedenken waren keineswegs grundlos. Zwar stellte sich der Liebesakt selbst als wenig geheimnisvolle und recht angenehme Erfahrung dar, doch ein starkes Gefühl von Schuld konnte Rousseau nicht leugnen. Er gesteht: »Mir war, als hätte ich Blutschande begangen.« (B)

Es bleibt offen, was Madame de Warens dazu bewog, die Qualität der Beziehung zu ihrem Schützling so radikal zu verändern. Wollte sie seine Neigung zur Masturbation heilen, dem Jungen auf dem Weg zum Erwachsenen mehr Selbstbewußtsein verschaffen oder ihn tatsächlich vor der Haltlosigkeit anderer Frauen schützen? Als sicher kann gelten, daß Verlustängste keine Rolle spielten. »Mama« folgte mit ihrem Interesse an jüngeren, oft mittellosen Männern nicht der gewöhnlichen Rollenverteilung in der Epoche erotischer Libertinage, aber sie lebte auch im Sommer des Jahres 1733 bereits in einer intimen Beziehung. Claude Anet, der Neffe ihres Gärtners in Vevey, war etwa zur selben Zeit wie sie über den

Eine Mauer als Aussicht, eine Sackgasse als Straße, wenig Luft, wenig Licht, wenig Raum, Grillen, Ratten, morsche Dielen; all das ergab keine freundliche Wohnung.

Rousseau über »Mamas«
Haus in Chambéry (B)

Genfer See nach Savoyen geflohen. Er übernahm bald die Leitung des kleinen Haushalts von Madame de Warens, die ihn wohl schon in Annecy zu ihrem Geliebten wählte. Nur sechs Jahre älter als Jean-Jacques, scheint Anet ein starker, dabei enigmatischer Charakter gewesen zu sein. Rousseau attestiert ihm vor allem eine natürliche Autorität, die Frau von Warens und ihn »fast wie zwei Kinder« *(B)* erscheinen ließ. Offenbar traf der verträumte Genfer Handwerkersohn hier auf eine jener großen Persönlichkeiten, denen er in seinen Schriften so viel Bedeutung beimaß. Rousseau war jedenfalls derartig beeindruckt, daß er Claude Anet in seinem Briefroman ›Julie oder Die neue Héloïse‹ unmittelbar als Figur verwendete und ihm damit ein unübersehbares Denkmal setzte.

Dennoch erscheint die Beziehung der beiden jungen Männer in einem eher diffusen Licht. Die ›Bekenntnisse‹ sprechen zwar mit Rücksicht auf die seltsame *ménage à trois* von einem »Bunde, der uns alle glücklich machte«, aber diese Aussage ist wenig glaubhaft. Rousseau ertrug es kaum, wenn fremder Besuch Madame de Warens' Aufmerksamkeit von ihm abzog, weigerte sich in einem späteren Fall vehement, ihre Gunst mit einem anderen zu teilen, und räumt selbst ein, daß Anets Nähe zu »Mama« ihm Unbehagen bereitete. Schließlich wirft der mysteriöse Tod seines Konkurrenten im Jahr 1734 weitere Fragen auf.

Die Zeit unmittelbar nach Anets Hinscheiden stand unter keinem guten Stern. Rousseau übernahm die Verwaltung der Finanzen, doch er hatte nicht den gleichen Einfluß auf »Mama« wie sein Vorgänger. Kaum besser bestellt war es um Jean-Jacques' berufliche Entwicklung. Der junge Mann mußte nicht nur erleben, wie der improvisierte Konzertbetrieb im Haus der Baronin allmählich zum Erliegen kam, sondern empfand auch die Pflicht zur Erteilung von Unterricht zunehmend als unerträglich. Am stärksten litt er jedoch unter seiner unglücklichen Beziehung zu Madame de Warens. »Ich hatte eine zärtliche Mutter, eine teure Freundin, aber ich brauchte

Rousseaus Angaben zufolge unternahm **Anet** nach einem heftigen Streit mit seiner Geliebten erfolglos den Versuch, sich selbst zu töten. Nicht lange danach habe er in den Bergen nach einer seltenen Pflanze geforscht und sei als Resultat dieser Suche an einer Bauchfellentzündung gestorben. Das Register des Pfarrbezirks weist allerdings Anets Ableben für den 13. März 1734 aus, und man muß bezweifeln, daß der routinierte Botaniker kurz zuvor die tiefverschneiten Alpen betreten hatte. Vielleicht waren es in Wirklichkeit Jean-Jacques' Eifersucht und sein Besitzanspruch, die den Selbstmordversuch Anets auslösten

eine Geliebte«, berichten die ›Bekenntnisse‹. Die später so hilfrei-
chen Mechanismen einer stoisch inspirierten Selbstgenügsamkeit
waren noch nicht wirksam, und so schlugen sich Zukunftsängste,
sexuelle Frustration und unerfüllte Träume unmittelbar in Rousseaus seelischer Verfassung nieder. Es scheint, daß er eine Weile
versuchte, der bedrückenden Situation durch eine Vielzahl kleiner
Reisen zu entgehen, doch offenbar nahm ihn die Melancholie bald
ganz gefangen und beeinflußte schließlich sogar in bedrohlichem
Maße seine Gesundheit. Diese Leiden mögen echt gewesen sein,
hatten aber ohne Zweifel auch einen therapeutischen Effekt, denn
Frau von Warens' Fürsorge erlaubte Jean-Jacques wenigstens vorübergehend eine eindeutige Einordnung ihres Verhältnisses: »Ich
wurde ganz ihr Werk, ihr Kind, und mehr, als wäre sie meine wirkliche Mutter gewesen.« *(B)*

Um Rousseaus Gesundheit endgültig wiederherzustellen, machten sich Madame de Warens und Jean-Jacques im Frühsommer 1735
auf die Suche nach einem Ersatz für den Garten, der inzwischen
aufgegeben worden war. Im Tal von Les Charmettes, nicht weit
von Chambéry entfernt und »doch versteckt und einsam, als läge
es hundert Meilen ab« *(B)*, mieteten sie ein kleines Anwesen, dessen ländlicher Charme dem arkadischen Ideal des Barocks recht gut
entsprach. »Hier beginnt das kurze Glück meines Lebens« *(B)*,
berichtet Rousseau voller Wehmut. Zwar verbesserte sich sein körperlicher Zustand zunächst keineswegs, doch schließlich ignorierte
er Schwindel und Kurzatmigkeit und konzentrierte sich auf die
Themen Philosophie und Literatur, die ihn bereits seit längerem
interessierten. Unterstützt von Madame de Warens und einigen Bekannten, entwickelte Jean-Jacques in der Folge eine beeindruckende
Aktivität und legte damit das Fundament für seine spätere Karriere.
Er las unter anderem erkenntnistheoretische und metaphysische
Schriften von Locke, Malebranche, Leibniz und Descartes, mathe-
matische Werke von Newton und Lamy, staatsphilosophische Ab-

und ihn später in den Tod treiben.
Rousseaus Lebensbeichte vermag in
dieser Frage nicht recht zu überzeugen und läßt den Leser mit einem
zwiespältigen Gefühl zurück.

10 Das kleine
Anwesen im Tal
von Les Char-
mettes. Stich von
J. Werner

handlungen von Spinoza, Hobbes, Pufendorf, Burlamaquai und
Machiavelli, Texte über Geschichte, Geographie, Religion, Anato-
mie, Psychologie, Sprachwissenschaft und Anthropologie, beschäftigte sich mit Plutarch, Plato, Cicero, Vergil, Voltaire, Marivaux, Ra-
cine und Prévost, lernte Latein, musizierte, zeichnete, botanisierte
und experimentierte auf den Gebieten Astronomie, Medizin und
Chemie. Das selbstverordnete Pensum und Rousseaus Wissens-
durst waren offenbar so groß, daß der junge Autodidakt sich regelrecht in seine Tätigkeit hineinsteigerte. Die ›Bekenntnisse‹ berichten: »Dieser Lerneifer wurde zu einer Manie, die mich wie blöde
machte; ich war immer beschäftigt und murmelte stets irgendetwas
zwischen meinen Zähnen.«

Fast zwei Jahre lang genoß Jean-Jacques das Leben an der Seite
von »Mama«, trieb seine Studien voran, half bei der Ernte von Obst
und Wein, betreute Taubenschlag und Bienenstöcke und freute sich
während des Winters in Chambéry auf den nächsten Frühling in den
Hügeln von Les Charmettes. Im Juni 1737 aber erlitt er schwere Ver-
letzungen, als ein experimentelles Gebräu aus Kalk, Arsen und Wasser in einer Flasche explodierte. Schon wenige Wochen später war

Das Haus war sehr wohnlich. Vorn lag ein terrassenförmiger Garten,
darüber ein Weingarten, darunter ein Obstgarten, gegenüber ein kleiner
Kastanienwald, eine Quelle nahebei; höher am Berg Wiesen zum Unterhalt des Viehs, kurz, alles für die kleine ländliche Wirtschaft, die wir hier
einrichten wollten.

Rousseaus Beschreibung des
Anwesens im Tal von Les Charmettes (B)

Rousseau wieder leidlich gesund, doch das Glück schien ihn verlassen zu haben. Seine körperliche Belastbarkeit nahm durch den Unfall weiter ab, und auch eine Reise in seine Heimatstadt erwies sich als Fehlschlag. Nach Genfer Recht gerade volljährig geworden, wollte Jean-Jacques Ende Juli das Erbe seiner Mutter antreten. Er erhielt nach einigen Verzögerungen aber nur einen Bruchteil der erhofften Summe und erlebte statt dessen voller Bestürzung, wie die Auseinandersetzung zwischen Patriziat und Bürgerschaft kurzzeitig fast die Dimension eines Bürgerkriegs annahm. Zurück aus Genf, scheint der Aufenthalt bei Madame de Warens nicht mehr sonderlich attraktiv gewesen zu sein, denn Rousseau brach bereits Anfang September zu einer weiteren Reise auf. Angeblich fühlte er sich krank und führte das auf einen selbst diagnostizierten »Herzpolyp« zurück, den er in Montpellier auskurieren wollte. Es liegt allerdings näher, einen Grund für den fluchtartigen Aufbruch im Verhältnis zu »Mama« zu suchen. Nicht nur der gereizte Ton in den Briefen aus Montpellier, sondern vor allem die unterwegs offenbar leichten Herzens eingegangene Beziehung zu einer adligen Dame läßt vermuten, daß Jean-Jacques sich der ungeteilten Gunst von Madame de Warens schon nicht mehr sicher war. Tatsächlich hatte die Baronin im Spätsommer des Jahres Jean-Samuel-Rudolphe Wintzenried in ihr Haus aufgenommen und bald darauf zu ihrem Liebhaber gemacht. Rousseau bedenkt den sechs Jahre älteren, tatkräftigen, aber wohl eher schlichten Mann aus der Schweiz voll Sarkasmus mit den Prädikaten »eitel, dumm, unwissend, frech, sonst der beste Bursche von der Welt« *(B)*, doch Madame de Warens sah die Dinge anders. Sie machte Jean-Jacques bei dessen Rückkehr im Frühjahr 1738 nur noch das Angebot, gleichberechtigt neben ihren neuen Galan zu treten. Rousseaus Reaktion fiel eindeutig aus: »›Nein, Mama‹, sagte ich zu ihr ganz außer mir, ›ich liebe Sie zu sehr, um Sie zu erniedrigen. Ihr Besitz ist mir zu teuer, um ihn zu teilen.‹« *(B)*

Meine falsche Vorstellung von den Dingen überzeugte mich, daß man um ein Buch mit Nutzen zu lesen, alle Kenntnisse haben müsse, die es voraussetzt, ohne daß der Gedanke in mir aufkam, daß der Verfasser selbst sie oft nicht einmal hat und sie je nach Bedarf aus anderen Büchern schöpft. Durch diese närrische Vorstellung wurde ich jeden Augenblick aufgehalten, genötigt, ständig von einem Buch zum anderen zu laufen, und manchmal hätte ich, ehe ich bis zur zehnten Seite des Buchs gekommen war, das ich studieren wollte, Bibliotheken erschöpfen müssen.

Rousseau über erste Probleme
mit den Studienmethoden (B)

Möglicherweise bereute der entthronte Favorit in diesem Moment die Entscheidung, überhaupt nach Chambéry zurückzukehren. Hätte er nicht doch der Einladung seiner Reiseliebschaft nach Bourg-St-Andéol folgen sollen? Nun aber hieß es, auf wirkliche Nähe vorläufig ganz zu verzichten. Indes wußte Jean-Jacques die beiden folgenden Jahre trotz vieler seelischer und körperlicher Krisen zu nutzen. Er lebte in dieser Zeit selbst während der Wintermonate im Tal von Les Charmettes und wurde jetzt neben seinen intensiven Studien auch immer öfter schöpferisch tätig. So setzte er die bereits um 1734 begonnene Komposition von Kantaten fort und schrieb unter anderem das 1739 veröffentlichte Gedicht ›Der Obstgarten der Baronin Madame de Warens‹. In diesem Text trägt Rousseau einen frühen Hymnus auf das Leben in Einsamkeit vor und nimmt damit im Grunde Abschied von einer intimen Beziehung, die ihm offensichtlich insoweit schon endgültig zerstört schien. In der Tat suchte »Mama« nur noch oberflächlich Kontakt zu Jean-Jacques, dessen Ton in Briefen aus dem Winter 1738/1739 zwischen Larmoyanz und bissigem Vorwurf schwankt. Zu Beginn des Jahres 1740 war schließlich die Geduld auf beiden Seiten erschöpft. Madame de Warens vermittelte ihrem ehemaligen Liebhaber eine Stelle als Erzieher im Haus der Familie de Mably in Lyon, und am 20. April verließ Rousseau das idyllische Tal von Les Charmettes und trat mit der Postkutsche die Reise in eine neue Welt an.

Namen faszinierten Rousseau in jeder Beziehung. »Die Eigennamen entfallen mir gänzlich«, klagen die ›Bekenntnisse‹, doch nur eine Handvoll der etwa 600 dort genannten Namen kann nicht zugeordnet werden. Rousseau selbst trug bisweilen falsche Namen, um gesellschaftliche Akzeptanz zu erlangen oder sich zu schützen. So bildete er in Lausanne aus seinem Nachnamen ein Anagramm und gab sich als Vaussore de Villeneuve aus, galt auf dem Weg nach Montpellier als englischer Reisender namens »Dudding« und trat in den Jahren der politischen Verfolgung eine Weile als Jean-Joseph Renou auf.

Lyon, Paris, Venedig

Rousseaus Aufenthalt in Lyon war durchaus erfolgreich, auch
wenn der über weite Strecken mißmutige Ton seiner Erinnerungen anderes vermuten läßt. Allein den Glauben an die eigenen
Fähigkeiten als Erzieher mußte Jean-Jacques fahrenlassen. »Ich
hatte in nichts Erfolg, und alles, was ich tat, war gerade das, was
ich nicht hätte tun sollen«, gestehen die ›Bekenntnisse‹. Immerhin
zeigte sich bereits die Absicht, das Problem der Erziehung schriftlich zu bewältigen. Für den älteren Sohn der Familie erstellte Rousseau einen Erziehungsplan, der allerdings in der Hauptsache das
pädagogische Programm des englischen Rationalisten John Locke
rezipierte. Seigneur de Mably, hochrangiges Mitglied der Polizei
und ein Mann von Bildung, erkannte Jean-Jacques' Mangel an
praktischem Talent und theoretischem Einfallsreichtum sehr genau,
doch offenbar überging der adlige Herr diese Schwächen wohlwollend. »Er war einsichtsvoll, billig denkend und, was man von
einem Offizier der Gendarmerie nicht erwarten würde, sogar sehr
human« (B), lobte Rousseau. Tatsächlich verzieh die ganze Familie
de Mably dem eigenwilligen Hauslehrer seine Launen und förderte
ihn nach Kräften. Die Dame des Hauses etwa versuchte, Jean-
Jacques die Regeln des korrekten Verhaltens in den mondänen
Salons der Stadt nahezubringen. Rückblickend erklärt Rousseau, er
habe sich dabei stets dumm und linkisch angestellt, und vielleicht
tat er sich mit der ritualisierten Eleganz des Rokoko wirklich ein
wenig schwer. Man darf allerdings aus Berichten Dritter folgern,
daß der junge Mann mit den Prinzipien geschliffener Konversation
leidlich vertraut war und verbleibende Defizite durch eine anre-
gende, gelegentlich rustikale Originalität kompensierte. In Lyon

Lyon zählte um 1740 bereits über
100 000 Einwohner und stellte im
absolutistischen Zentralstaat die
einzig nennenswerte urbane Konkurrenz für Paris dar. Die Stadt am
Zusammenfluß von Rhône und
Saône war zu Beginn des 18. Jahrhunderts vom reinen Messestandort
zum industriellen Zentrum aufge-
stiegen und verfügte nun auch über
die Ressourcen für einen entsprechenden Kulturbetrieb. Am Vorabend der Epoche, in der die französische Aufklärung zu ihrer Hochblüte
gelangte, bevölkerten gewandte Geister jeder Provenienz die Salons der
südlichen Metropole, und Rousseau
lebte buchstäblich in ihrer Mitte.

jedenfalls fand er mit Hilfe seiner adligen Gönner durchweg freundliche Aufnahme in den einschlägigen Zirkeln und wurde dort schnell heimisch. Mit großer Begeisterung besuchte Jean-Jacques das Theater, hörte Konzerte und Lesungen an der Akademie der Schönen Künste, verfolgte die Kontroversen an der Akademie der Wissenschaften, diskutierte, studierte, schrieb, komponierte und baute in großem Stil Beziehungen auf. Zwölf Jahre nach seiner Flucht aus Genf hatte Rousseau den Lebensstil der französischen Aufklärung entdeckt, und es sollte lange dauern, bis er sich von der Faszination dieser Welt lösen konnte.

Im Haus von Seigneur de Mably lernte er dessen Brüder Gabriel und Étienne kennen. Beide Männer sollten später bedeutende Beiträge zu Philosophie, Geschichte und Ökonomie liefern und ließen den interessierten Jean-Jacques gerne an ihren Überlegungen teilhaben. Auch mit dem Literaten Charles Bordes und dem bekannten Chirurgen Gabriel Parisot schloß Rousseau Freundschaft. Offenbar fühlte der Genfer Handwerkersohn sich im Kreis der französischen Gelehrten so wohl, daß seine Stimmung künstlerischen Ausdruck erfahren mußte. Mit der Hilfe eines etablierten Musikers begann er die Komposition der Oper ›Die Entdeckung der neuen Welt‹, deren Libretto wohl schon im Tal von Les Charmettes entstanden war. Die Musik wurde nie fertiggestellt, doch der Text reflektiert eine enorme Begeisterung für die weltweite kulturelle Hegemonie Frankreichs. Rousseau führt diese Haltung in seinen Lebenserinnerungen auf eine Beschäftigung mit einschlägiger Literatur zurück und weiß sie selbst kaum mit seiner republikanischen Gesinnung zu vereinbaren. Jedenfalls blieb ihm sein Sinn für die absolutistische Großmacht sogar dann noch erhalten, als die gepriesene Nation ihn längst verstoßen hatte. Ein gutes Jahrzehnt vor seinem Tod schreibt er über die staatlichen und gesellschaftlichen Kräfte der Monarchie: »Ich liebe sie wider Willen, obwohl sie mich mißhandeln.« *(B)*

In der ›**Epistel an Parisot**‹ *(EaP)* reflektiert Rousseau über ein Leben fern der Heimat und die damit verbundenen Pflichten gegenüber den Mächtigen, um dann fortzufahren: »Aber man hat mich auch gelehrt, daß ich (…)/das Recht hätte, an der höchsten Gewalt teilzunehmen./ Wenn ich auch klein wäre, ein unbedeutender (…) Citoyen, so bliebe ich dennoch Mitglied des Souveräns.« Er bezeichnet seinen Status als *obscur*, denn nach den Gesetzen Genfs durfte er sich nicht »Citoyen« nennen. Erst seine Volljährigkeit hätte dieses Recht aktiviert, doch mit dem Übertritt zum Katholizismus war es zuvor schon erloschen.

Nach einem Jahr in Lyon nahm Rousseau seinem Dienstherrn die Entscheidung ab, ob der Vertrag verlängert werden sollte. Während seines Aufenthalts war ihm der Gedanke an Madame de Warens nie abhanden gekommen. »Hundertmal bin ich heftig versucht gewesen, sofort und zu Fuß davonzugehen und zu ihr zurückzukehren« *(B)*, gesteht er. Voller Hoffnung traf er im Frühsommer 1741 im Tal von Les Charmettes ein, doch die Intimität vergangener Tage war endgültig dahin. Obwohl »Mama« ihn liebevoll aufnahm, konnte er die Anwesenheit Wintzenrieds nicht lange ertragen. Wieder suchte er die Einsamkeit der Studierstube oder unternahm Reisen nach Lyon, die durch

11 Étienne Bonnot de Mably, 1715–1780, genannt Condillac. Zeichnung von Danlou

den Verkauf von Büchern finanziert wurden. Erst im Dezember des Jahres zwang ihn eine Krankheit dazu, länger in den Hügeln über Chambéry zu bleiben. Frau von Warens pflegte ihn gesund, und als der Frühling 1742 kam, beschloß Rousseau, einen Neuanfang zu wagen. Schon in Lyon hatte er »Mamas« Briefen entnommen, daß sich ihre finanzielle Lage weiter verschlechterte. Die Felder um das Anwesen im Tal von Les Charmettes waren offenbar nicht lukrativ zu nutzen, und die Last der Schulden veranlaßte die adlige Dame inzwischen sogar dazu, Teile ihrer Habseligkeiten zu verkaufen. Auf der Suche nach einer sicheren Einnahmequelle kam für Jean-Jacques nur die Musik in Frage, und er erinnerte sich an einen

Der jüngste der drei Brüder de Mably, **Condillac**, veröffentlichte 1746 mit dem ›Versuch über den Ursprung der menschlichen Kenntnisse‹ eines der Schlüsselwerke der französischen Aufklärung. Er entwickelt hier den sogenannten »sensualistischen Materialismus«, der zwar an der Immaterialität der Seele und der Freiheit des Willens festhält, die höheren (geistigen) Fähigkeiten jedoch aus der Sinneswahrnehmung ableitet. Rousseau unterstützte die Publikation der Schrift und war vom Konzept einer Anthropologie »von unten« sehr beeindruckt. Bis zu seinem Lebensende bewahrte er ein gutes Verhältnis zu Condillac.

früheren Versuch, das herkömmliche Konzept der musikalischen Notation durch ein System aus Zahlen zu ersetzen. Nach etlichen Verbesserungen erschien ihm das Projekt ausgereift und selbst dazu geeignet, die Akademie der Wissenschaften in der französischen Hauptstadt zu überzeugen. Die ›Bekenntnisse‹ geben Zeugnis von der naiven Freude, mit der Rousseau nun in die Zukunft sah: »Von diesem Augenblick an glaubte ich mein Glück gemacht, und in dem heißen Verlangen, es mit der zu teilen, der ich alles verdanke, dachte ich nur daran nach Paris zu reisen.«

Anfang August traf Jean-Jacques dort ein und bezog einen Raum im Hôtel Saint-Quentin in der Nähe der Sorbonne. Er wohnte jetzt nach eigenem Bekunden zwar »in einer häßlichen Straße, einem häßlichen Gasthaus, einem häßlichen Zimmer« *(B)*, doch der Begeisterung für das Zentrum der französischen Monarchie tat das wenig Abbruch. Paris war mit mehr als einer halben Million Einwohnern selbst nach heutigen Maßstäben schon eine Großstadt und zugleich der Ort, an dem Tag für Tag zahllose kühne Pläne und ehrgeizige Projekte um die Aufmerksamkeit der Reichen und Mächtigen warben. Rousseau hatte sich vorsorglich in Lyon mit einigen Empfehlungsschreiben versehen und tauchte nun voller Elan in das Leben an den Ufern der Seine ein. Bald lernte er den renommierten Naturforscher Réaumur kennen, der ihm die Möglichkeit verschaffte, sein Notationskonzept vor der Akademie der Wissenschaften zu erläutern. Jean-Jacques' Hoffnung, umgehend die abendländische Musiktradition zu revolutionieren, erfüllte sich

12   Ansicht von Paris. Gemälde von Charles-Léopold de Grevenbroeck, 1741

indes nicht. Das Prüfungsgremium sah im Werk des Genfer Autodidakten in der Hauptsache die wenig praktikable Weiterentwick-
lung eines Verfahrens, das der Geistliche Jean-Jacques Souhaitty
bereits 1677 vorgestellt hatte. Jean-Jacques war ernüchtert, aber er
gab zunächst nicht auf, denn vor allem der latente Vorwurf des
Plagiats hatte ihn getroffen. Schon im Januar des folgenden Jahres
erschien seine ›Abhandlung über die moderne Musik‹, in der das
Konzept erläutert und verteidigt wird. Die wenig zugängliche,
über 100 Seiten lange Schrift blieb weitgehend unbeachtet, doch
Rousseau hatte nun endgültig seine Visitenkarte in der Welt der
Gelehrten abgegeben.

Der Traum vom schnellen Geld war dahin, und Jean-Jacques
geriet allmählich finanziell in Schwierigkeiten. Da der Unterricht
für zwei musikbegeisterte Dilettanten wenig abwarf, verlegte er
sich nach eigenen Angaben darauf, das Café nur noch an jedem
zweiten Tag, das Schauspiel gar nur noch zweimal wöchentlich zu
besuchen. Die überaus vitale Atmosphäre des geistigen Lebens im
Paris dieser Epoche wird anschaulich, wenn die ›Bekenntnisse‹ ein
solches Verhalten ohne eine Spur von Ironie als »einsiedlerisch«
bezeichnen. So verging die Zeit zwischen Unterricht, Theater, Oper,
Lektüre und Schachspiel, bis der Rat eines Bekannten neue Impulse
gab. Rousseau hatte mit der Zeit einige interessante Personen kennengelernt, etwa den Historiker und Romancier Charles Duclos,
den Literaten Bernard de Fontenelle oder den Jesuitenpater Louis-
Bertrand Castel, einen versierten Mathematiker, Philosophen und
Erfinder. Der Geistliche nun weihte den unbedarften Genfer in das
Geheimnis des Erfolgs ein, indem er ihm erklärte:»Man erreicht in
Paris nur etwas durch die Frauen. Sie sind wie Kurven, deren
Asymptoten die Gelehrten sind; sie nähern sich ihnen unaufhör-
lich, aber berühren sie niemals.« *(B)*

Mit dieser Erkenntnis ausgestattet, besuchte Jean-Jacques auf
Castels Empfehlung schließlich Madame Dupin, die attraktive Gat-

---

Neuere Forschungen zeigen nicht
nur, daß Rousseaus **Notationskonzept** auf völlig anderen Prinzipien
beruht als der ältere Entwurf, sondern weisen auch die Funktionalität
des Systems für den Bereich der
Pädagogik nach. Tatsächlich breitete
es sich nach seiner Wiederentdek-
kung durch französische Schulen
und die Bewegung Pestalozzis während des 19. und 20. Jahrhunderts
teils unverändert über Europa, die
USA, Japan und China aus. Die
Akademiker im Paris des Jahres 1742
allerdings beschränkten sich darauf,
dem Autor sorgfältiges Arbeiten zu
bescheinigen und die Fortentwick-
lung des Projekts zu empfehlen.

13 Louise-Marie-Madeleine Dupin, 1706–1799.
Kopie eines Gemäldes von Jean-Marc Nattier

tin eines Finanzmagnaten. In der Folgezeit erhielt er zwar Zugang zu den glänzenden Gesellschaften des Hauses, doch die besondere Gunst der mondänen Dame blieb ihm verwehrt. Immerhin machte er die Bekanntschaft ihres Stiefsohns, Charles-Louis Dupin de Francueil, mit dem er das Interesse an Musik und Wissenschaft teilte. Gemeinsam besuchten die etwa Gleichaltrigen einen Chemiekurs, und Jean-Jacques zog dafür sogar in die Nähe seines neuen Freundes. Dort, unweit der Rue Plâtrière, in der er später selbst lange wohnte, durchlebte Rousseau eine Art kathartischen Prozeß, der ihn an seine musikalische Begabung erinnerte. Auslöser war offenbar eine Lungenentzündung, die hohes Fieber und Wachträume mit sich brachte. Die ›Bekenntnisse‹ berichten von schweren Selbstvorwürfen während der Genesung und dem Vorsatz, künftig konzentriert an einem größeren Werk zu arbeiten. In der Tat nahm Rousseau bald recht engagiert die Komposition einer Oper auf, die er ›Die galanten Musen‹ nannte. Doch noch bevor der erste Akt beendet war, sollte sich der Rat von Pater Castel als fruchtbar erweisen. Rousseau hatte bei einem Besuch mit seiner bisweilen geschickt inszenierten Empfindsamkeit Eindruck auf die Marquise de Broglie gemacht, und die junge Dame erinnerte sich nun an den Autor der innovativen Notenschrift. Kurzerhand empfahl sie ihn als Sekretär des neu ernannten französischen Botschafters in der Republik Venedig. Rousseau war nicht nur von der Aussicht auf ein festes Einkommen angetan. »Fremde Länder sehen hat für einen Genfer einen fast unwiderstehlichen Reiz« *(B)*, heißt es in seinen Erinnerungen, und so brach er im Sommer 1743 Richtung Italien auf.

Sie empfing mich während ihrer Toilette. Ihre Arme waren nackt, ihre Haare aufgelöst, ihr Pudermantel in Unordnung. Ein solcher Empfang war mir sehr neu; mein armer Kopf hielt ihm nicht stand; ich werde verlegen, ich bin verwirrt, kurz: ich habe mich in Frau Dupin verliebt.
Rousseau über die erste Begegnung mit
Louise-Marie-Madeleine Dupin (B)

Nach einer anstrengenden Reise, die ihn über Marseille, Toulon, Genua, Mailand, Verona, Brescia und Padua führte, erreichte Rousseau Anfang September Venedig. Wenige Tage später weitete Frankreich seine Aktivitäten im Österreichischen Erbfolgekrieg auf Italien aus und verlieh damit dem Posten eines Diplomaten in der Lagunenstadt ernsthafte Bedeutung. Zwar hatte Venedig förmlich seine Neutralität erklärt, doch die Expansionspläne der Bourbonenherrscher waren der kleinen Republik keineswegs geheuer. In Versailles mißtraute man dann auch den offiziellen Verlautbarungen des Dogen und beauftragte die eigene Vertretung vor Ort, bei einer heimlichen Unterstützung des Stadtstaates für Österreich sofort zu intervenieren. Schnell stellte sich heraus, daß der Botschafter, Graf von Montaigu, nicht die Voraussetzungen mitbrachte, um diesem Ansinnen zu genügen. Er sprach kaum italienisch, war ungeübt im Aufsetzen von Schriftstücken und verstand wenig von der Chiffriertechnik, mit der die Depeschen zu verschlüsseln waren. In der Folge überließ der Aristokrat seinem Sekretär dann auch den Großteil der anfallenden Arbeiten. Zu den Aufgaben des jungen Mannes gehörte es, Sichtvermerke auszustellen, bei Streitigkeiten zu vermitteln, mit der venezianischen Regierung zu verhandeln und jede Woche mehrere Depeschen für den französischen Hof oder andere Stellen zu formulieren. Die Beschäftigung mit Problemen aus Verwaltung und Politik sagte Rousseau durchaus zu, doch sie beanspruchte mehr Zeit als ursprünglich erwartet. Nicht ohne Sinn für Dramatik berichtet er: »Ich arbeitete täglich einen guten Teil des Morgens und an den Kuriertagen manchmal bis Mitternacht.« *(B)*

Der **Österreichische Erbfolgekrieg** (1740–1748) brach aus, da nach dem Tod von Kaiser Karl VI. mehrere europäische Staaten die Herrschaft seiner Tochter Maria Theresia über die habsburgischen Erblande nicht anerkannten. Bis 1742/1743 kämpfte Österreich gegen Preußen und eine Koalition aus Frankreich, Spanien, Kursachsen und einigen deutschen Kurfürsten und mußte hinnehmen, daß Karl Albrecht von Bayern als neuer Römischer Kaiser Karl VII. eingesetzt wurde. Dann aber traten Großbritannien, Sardinien und die Generalstaaten an die Seite von Maria Theresia. Die Feindseligkeiten hatten mit dem Angriff Preußens auf Schlesien begonnen, sich über Bayern und Böhmen ausgeweitet und erreichten nun auch das Elsaß, die Niederlande und Oberitalien. 1745 verließen Bayern im Frieden von Füssen und Preußen im Frieden von Dresden den Konflikt, und Franz Stephan wurde zum neuen Römischen Kaiser Franz I. Stephan gekrönt. In der Folge konzentrierte sich der Krieg auf die Auseinandersetzung zwischen Frankreich und England, bis die Intervention Rußlands 1748 schließlich zum Aachener Frieden führte.

14   Venedig: Canal Grande und die Kirche S. Maria della Salute. Gemälde von Canaletto

Gleichwohl blieb dem jungen Diplomaten offensichtlich genug Muße für die Attraktionen der Stadt. Von der politischen und kulturellen Bedeutung Venedigs in der Renaissance war Mitte des 18. Jahrhunderts nur noch wenig übrig, doch der bisweilen fast dekadente Sinn für organisiertes Amüsement hatte überlebt. Rousseau berichtet von nächtlichen Cafébesuchen, ausgelassener Teilnahme an den Maskenbällen des Karnevals und einer Vielfalt wunderbarer Musik auf den Plätzen, in den Kirchen und Schauspielhäusern an der Lagune. Das vermeintlich interessanteste Angebot der kleinen Republik allerdings sollte sich als Enttäuschung erweisen. Der keineswegs unübliche Versuch, durch die Zahlung von Unterhalt für ein junges Mädchen eine Gespielin heranzuziehen, scheiterte bald an Jean-Jacques' väterlichen Gefühlen für das freundliche Kind, die Begegnung mit einer feurigen Kurtisane hatte wochenlange Ängste vor einer Geschlechtskrankheit zur Folge, und ein Treffen mit der schönen Zulietta endete im Desaster. Auch die behutsame Aufmunterung durch die charmante Liebesdienerin konnte diesen Abend nicht mehr retten. In einem Anflug von Taktlosigkeit räsonierte der durch sein Versagen als Mann verunsicherte Freier laut über eine vermeintliche Mißbildung an der Brust der Dame, bis diese ihn mit den Worten hinauskomplimentierte: »Zanetto, lascia le donne e studia la matematica« (ital. »Hänschen, laß' die Frauen und studiere die Mathematik.« B).

Statt der Flammen, die mich verzehrten, fühle ich plötzlich eine tödliche Kälte durch meine Adern laufen; die Beine zittern mir, und fast einem Unwohlsein nahe, setze ich mich und weine wie ein Kind. *Rousseau über sein Zusammentreffen mit der schönen Zulietta (B)*

Bis zum Frühjahr 1744 war das Verhältnis zwischen Graf von Montaigu und seinem Sekretär weitgehend intakt, doch dann nahmen die Irritationen auf beiden Seiten zu. Auseinandersetzungen gab es vor allem im finanziellen Bereich, denn der Gesandte erwies sich in jeder Beziehung als ausgesprochen sparsam. Rousseau litt sehr unter den kargen Mahlzeiten, einer pedantischen Spesenprüfung und der Erfolglosigkeit, mit der er immer wieder die Zahlung seines Gehalts anmahnte. Schließlich reagierte der Graf wohl auch mit einer gewissen Eifersucht auf den beruflichen Erfolg seines Bediensteten. Zwar tadelten die zuständigen Stellen in Versailles zunächst die Chiffrierweise des neuen Sekretärs, doch am Ende überwog das Lob für den begabten jungen Mann. Es scheint, daß der Botschafter darin eine versteckte Kritik an seinen eigenen Fähigkeiten sah. Zu dieser Empfindung dürfte allerdings Rousseau durchaus beigetragen haben. »Ich gestehe, daß ich eine Gelegenheit, mich auszuzeichnen, nicht vermied« *(B)*, heißt es etwas zögerlich in seinen Erinnerungen, doch tatsächlich nutzte der angehende Gelehrte wohl auch im Alltag jede Möglichkeit, dem Vorgesetzten seine Grenzen aufzuzeigen. Dabei mag weniger von Bedeutung gewesen sein, daß Jean-Jacques sein Geltungsbedürfnis befriedigte, indem er mit der farbigen Gondel des ausländischen Diplomaten auf den Kanälen kreuzte oder auf dem Recht zur Teilnahme an einem geplanten Essen des Gesandten mit dem Herzog von Modena insistierte.

Schwer wog dagegen sicher der intellektuelle Hochmut, den der junge Mann entwickelte. Die Schilderung in den ›Bekenntnissen‹ spart nicht mit herablassendem Spott über die Schwächen des Botschafters, und ein Brief des Grafen vom August

15 Rousseau als Sekretär des französischen Botschafters in Venedig. Anonymes Gemälde

1744 demonstriert, wie wenig Rousseau sich darum bemühte, seine Gefühle zu verbergen.

Im Sommer des Jahres eskalierte der Konflikt, und Rousseau wurde nach einem heftigen Streit mit dem Gesandten seines Amtes enthoben. Er verließ die Botschaft wohl schon Anfang August, verbrachte dann aber noch einige Zeit bei seinen Bekannten in der Stadt. Erst am 22. August brach er Richtung Paris auf, wo er gut eineinhalb Monate später eintraf. Über die Ereignisse dieser Reise ist wenig bekannt; offenbar erreichte Jean-Jacques über Domodossola und den Simplon das Wallis, verbrachte einige Zeit in Sion, besuchte seinen Vater in Nyon und blieb dann in Genf, bis ihn die Sorge um seinen Ruf über Lyon wieder an die Seine führte. Dort hatte die Nachricht von seiner Demission unter seinen Freunden und Förderern einen gewissen Unmut hervorgerufen, doch diese Stimmung ließ sich nicht in zählbare Erfolge umsetzen. Rousseau registrierte voller Bitterkeit, daß auch seine adligen Gönner nicht bereit waren, ihn gegenüber den königlichen Behörden aktiv zu unterstützen. Die Bitte um Kostenerstattung und Gewährung der Bezüge blieb also fruchtlos, doch der Handwerkersohn machte immerhin eine Erfahrung, die nicht ohne Folgen für sein Denken blieb. Er registrierte nämlich, wie der Adelstitel dem Grafen von Montaigu die Solidarität seiner Standesgenossen sicherte und ihn damit selbst vor berechtigten Ansprüchen des einfachen Mannes schützte. Erst einige Jahre später jedoch sollte Rousseau diesen Zusammenhang allgemein formulieren und ihn als Ausdruck einer gesellschaftlichen Ordnung deuten, in der »sich die öffentliche Macht mit dem Stärkeren vereint, um den Schwachen zu unterdrücken (…)« (›Émile‹).

Von Beginn an saß er selbst in meinem Sessel, und während ich ihm diktierte und mir dabei manchmal wegen eines Wortes, das mir nicht einfiel, das Hirn zermarterte, nahm er ein Buch und las oder sah mich mitleidig an.
Montaigu über seinen Sekretär

Vorboten des Wandels

Rousseaus Leben näherte sich einem Wendepunkt, doch er selbst spürte wenig davon. Die Beschreibung der eigenen Person im Entwurf der Literaturzeitschrift ›Le Persiffleur‹ *(LP)* zeigt vielmehr, daß er die Spielregeln des Pariser Kulturbetriebs übernommen hatte. Stete Präsenz, Anpassung an das Gegenüber und Offenheit in alle Richtungen waren gefragt, und Rousseau entsprach diesen Anforderungen gut. »Ein Proteus, ein Chamäleon und eine Frau sind weniger wandelbar als ich«, behauptet er stolz. Immerhin registrierte Jean-Jacques das Ende seiner Ausrichtung auf Madame de Warens. Zu groß waren die emotionalen Irritationen, zu hoch die ökonomischen Hürden für ein Zusammenleben geworden. Er sandte »Mama« zwar noch gelegentlich Geld, doch ihr finanzielles Ende ließ sich nicht mehr abwenden. Offenbar blieb diese Entwicklung auf die seelische Verfassung der adligen Dame nicht ohne Einfluß. Sie überhäufte ihren ehemaligen Schützling nun häufig mit Vorwürfen und zugleich mit angeblich gewinnbringenden Rezepturen für pharmazeutische Mittelchen.

Es sollte allerdings nicht lange dauern, bis eine neue Bezugsperson gefunden war. Im Frühjahr 1745 zog Rousseau wieder in das Hôtel Saint-Quentin, um die Arbeit an seiner Oper in ruhigerer Umgebung fortzusetzen. Dort machte er schnell die Bekanntschaft von Thérèse Levasseur, die der Wirtin des Hauses zur Hand ging. »Näherinnen, Kammermädchen, kleine Kaufmannsfrauen [führten] mich nie in Versuchung. Mein Sinn stand nach jungen Damen« *(B)*, erklären die Lebenserinnerungen, doch das Mädchen übte trotz ihrer Herkunft aus sehr einfachen Verhältnissen offensichtlich einige Anziehungskraft auf den neun Jahre älteren Jean-Jacques aus.

Thérèse Levasseur stammte aus Orléans, wo ihr Vater an der Münze gearbeitet hatte. Nach deren Schließung zog die Familie in die Hauptstadt, wo sie vom Verdienst der Tochter leben mußte. Rousseau gewährte seiner Freundin zunächst gerne finanzielle Unterstützung, wurde aber unwillig, als er merkte, daß eher ihre Mutter Marie davon profitierte, eine resolute, leidlich gebildete Frau, derer sich Jean-Jacques bisweilen als Sekretärin bediente. Sie beanspruchte einen Großteil des Geldes für sich oder ihre Verwandtschaft – »Leute von grenzenloser Gier und Bosheit« (Rousseau an Madame de Luxembourg, 12. Juni 1761).

16 Thérèse Levasseur, 1721–1801. Anonyme Silhouette

Sicher stand dabei der geistige Austausch nicht im Vordergrund, denn auch mit der Hilfe ihres Freundes gelang es Thérèse nie, flüssig zu lesen oder zu schreiben, die Einteilung des Jahres oder des Tages ganz zu begreifen, zu rechnen oder Geld zu zählen. Die Bekannten des Gelehrten sparten wegen dieser intellektuellen Schwäche nicht mit Spott und Kritik, und auch das Urteil der Nachwelt fällt in der Regel wenig günstig aus. Rousseau selbst hat aus Thérèses Unbedarftheit keinen Hehl gemacht und sich offen über ihre Einfalt amüsiert. So berichten die ›Bekenntnisse‹ in launigem Ton, daß er zur Unterhaltung seines Umfelds immer wieder häusliche Anekdoten erzählte und anhand der Äußerungen des Mädchens sogar ein Verzeichnis grotesker Stilblüten erstellte. Nach heutigen Maßstäben zeugt dieses Verhalten sicher von fehlendem Respekt, doch Rousseau hätte diese Einschätzung zurückgewiesen. Er spricht überaus hochachtungsvoll von Thérèse und gründet diese Wertung auf ihre praktische Hilfe in den zahlreichen widrigen Situationen seines späteren Lebens. »Sie hat mir die besten Ratschläge gegeben, sie hat mich Gefahren entrissen, in die ich mich blind stürzte« *(B)*, heißt es rückblickend. Selbst zu Beginn der Beziehung sah Jean-Jacques in dem sehr emotionalen und anfangs recht schüchternen Mädchen wohl nicht allein ein Mittel zur Befriedigung seiner sexuellen Wünsche, sondern schon bald die Verkörperung der eigenen, oft so hart mit rationalem Kalkül und gesellschaftlichen Normen ringenden Sensibilität. Dennoch bleibt die wahre Natur der Beziehung undurchsichtig, denn zahlreichen liebevollen Äußerungen stehen Dokumente merkwürdiger Verbitterung gegenüber. Anscheinend flossen

Ich hatte ihr [Thérèse] gesagt, daß Klüpfel Prediger und Kaplan des Prinzen von Sachsen-Gotha sei. Ein Prediger war für sie ein so einzigartiger Mensch, daß sie (…) sich in den Kopf setzte, Klüpfel für den Papst zu halten. Ich hielt sie das erstemal, als sie mir beim Heimkommen sagte, daß der Papst mich besucht habe, für närrisch. Ich ließ sie sich erklären und hatte nichts Eiligeres zu tun, als diese Geschichte Grimm und Klüpfel zu erzählen, den wir seitdem unter uns Papst nannten. (…) Wir brachen in ein nicht endendes Gelächter aus und erstickten fast.   *(B)*

Sympathie, Gewöhnung und Abhängigkeit hier in einem Verhältnis zusammen, das in der Tat am besten mit einem neutralen Begriff charakterisiert wird. In diesem Sinn formuliert Rousseau: »Anfangs hatte ich nur ein Vergnügen gesucht. Ich sah, daß ich mehr gefunden und mir eine Gefährtin erworben hatte.« *(B)*

Die Bindung an Thérèse ließ wenig Raum für Ablenkungen, und so waren ›Die galanten Musen‹ bald vollendet. Hoffnungsfroh bemühte sich Rousseau um eine Vermarktung des Werkes, doch er rechnete nicht mit dem dichten Geflecht aus Protektion, Zufall und persönlicher Animosität, das im Paris dieser Epoche über den Erfolg eines Projekts entschied. Jean-Vincent de Gaffecourt, ein angesehener Bekannter aus Genf, empfahl ihn der Familie de la Pouplinière, die in der Stadt als führende Mäzenin der Tonkunst galt. Dieser Schritt jedoch führte Rousseau in die Nähe von Jean-Philippe Rameau. Durch das Haus de la Pouplinière früh gefördert und seit 1745 auch als Kammerkomponist im Dienste Ludwigs XV., verfügte Rameau über einen Einfluß, den er nur ungern zugunsten möglicher Konkurrenten einsetzte. Entsprechend ungnädig kommentierte er das Werk, das ihm im privaten Kreis vorgetragen wurde. »Rameau behauptete, in mir nur einen kleinen Plünderer zu sehen, ohne Talent und Geschmack« *(B)*, erinnert sich Rousseau.

Immerhin stieß das heroische Opernballett nicht bei allen Anwesenden auf Ablehnung und erregte durch entsprechende Berichte das Interesse des Herzogs von Richelieu, Kammerherr des Königs und Liebhaber von Madame de la Pouplinière. Rousseau hatte den kunstsinnigen Großneffen des berühmten Kardinals bereits in Lyon kennengelernt und vernahm nun erfreut den Vorschlag, sein Werk bei Hof proben zu lassen. Als er jedoch alle Änderungswünsche erfüllt, zwischenzeitlich noch einen anderen Auftrag Richelieus erledigt und eine längere Krankheit überwunden hatte, war der Herzog aus Paris abgereist. Nach seiner Rückkehr aber schien sein Engagement für die Komposition verloren; Anteil daran mochte

---

Der Komponist und Musiktheoretiker **Jean-Philippe Rameau** (1683–1764), zu diesem Zeitpunkt bereits über 60, war zweifellos die musikalische Autorität des *Ancien régime*. Er konnte zurückblicken auf die Entwicklung der noch heute geltenden Funktionsbezeichnungen in der Harmonielehre, auf eine vollendete Darstellung des seelischen Affekts in den kühn-subtilen, chromatischen Progressionen seiner Charakterstücke oder auf wesentliche Beiträge zum Genre des Musiktheaters, die Elemente der klassischen Oper vorwegnahmen und die Eleganz des musikalischen Rokokos zu einem Höhepunkt führten.

seine Geliebte haben, die als Vertraute Rameaus wohl die Bedenken ihres Protegés gegen den jungen Autodidakten weitergab. Schließlich scheiterte auch der Versuch, Francueils Beziehungen zur Pariser Oper zu nutzen. Schenkt man Rousseau Glauben, dann hintertrieb sein Freund selbst aus einer gewissen Mißgunst die positive Aufnahme des Stückes. Die ›Bekenntnisse‹ bemerken in bitterem Ton: »Francueil hatte mir wohl versprochen, die Probe zu erwirken, aber nicht die Annahme. Er hielt mir genau Wort.«

Der Auftrag Richelieus, dessen Bewältigung die Fertigstellung von Rousseaus Werk verzögert hatte, bestand darin, die Oper ›Die Feste Ramiros‹ zu überarbeiten. Bei diesem Stück handelte es sich um die Neufassung einer Zusammenarbeit von Voltaire und Rameau, die noch weiterer textlicher und musikalischer Korrektur bedurfte. Während die ständige Kritik des etablierten Komponisten auch hier die Aufgabe Rousseaus erschwerte, begann die später so mißliche Beziehung zu Voltaire auf sehr angenehme Weise. Der Literat schrieb dem geschmeichelten Jean-Jacques vor der Aufführung einen höflichen Brief, in dem Dank und Komplimente Hand in Hand gehen. Dieser Kontakt zu dem hochverehrten Dichter jedoch sollte am Ende den erfreulichsten Aspekt des Unternehmens darstellen. Selbst wenn Rousseau für seinen eher dürftigen Beitrag finanziell entschädigt wurde, so blieb ihm jedenfalls die erhoffte öffentliche Anerkennung versagt. Die Aufführung des Werkes am 22. Dezember in Versailles fand durchaus Anklang, doch das Programm dieses Abends brachte seine Mitarbeit nicht zur Kenntnis.

Körperlich geschwächt und völlig desillusioniert, gab Rousseau den Vorsatz zur Pflege seiner Talente auf. Offenbar hatte sein Selbstvertrauen so gelitten, daß ihm jetzt sogar eine untergeordnete Stellung nicht mehr unangemessen schien. Als die Dupins ihm im Frühjahr 1746 eine Position als Sekretär anboten, sagte er

17 Jean-Philippe Rameau, 1683–1764

nach kurzem Zögern zu. Dieser Schritt verpflichtete ihn zwar, den dilettantischen Bemühungen seiner Arbeitgeber auf den Gebieten Ökonomie, Moralphilosophie und Chemie zu assistieren, doch die Vorteile der neuen Situation waren nicht zu leugnen. Jean-Jacques fand die Geldsorgen gelindert, vollendete seine Selbststudien anhand von Montesquieus Abhandlung ›Vom Geist der Gesetze‹, deren aufklärungskritische Thesen 1748 auch im Haus Dupin für Aufregung sorgten, und genoß die Zeit auf Schloß Chenonceaux, dem Sommersitz der Familie in der Tourraine. Auch seine Schaffenskraft erwachte wieder. Nach seinen Angaben schrieb er während eines Aufenthalts am Cher im Jahre 1747 etwa das melancholische Gedicht ›Sylvies Allee‹, das 1750 im ›Mercure de France‹ erschien, und die Komödie ›Das unbesonnene Versprechen‹.

»Während ich in Chenonceaux dick wurde, wurde meine arme Thérèse in Paris auf andere Weise dick« *(B)*, erklärt Rousseau in einer erstaunlich unsubtilen Formulierung und berührt damit ein Thema, das ihm einen noch heute liebevoll gepflegten, zweifelhaften Ruf einbrachte. Jean-Jacques' Freundin brachte wohl bereits im Winter 1746 das erste Kind zur Welt; zwei, vielleicht sogar vier weitere sollten in den nächsten Jahren folgen. Ungeachtet der genauen Umstände räumen die ›Bekenntnisse‹ und mehrere andere Dokumente ein, daß alle Kinder aus der Beziehung in ein Findelhaus gebracht wurden. Trotz der relativen Normalität seines Handelns sah sich Rousseau noch zu Lebzeiten massiver Kritik ausgesetzt, die er zu großen Teilen selbst heraufbeschworen hatte. Auch wenn erst das 19. Jahrhundert mit seinen sozialen Reformen und der romantisch inspirierten Neubestimmung der Familie als historischer Ort des modernen Kinderschutzes gilt, dürfen sich die Dekaden des Spätbarocks den Impuls für den Wandel gutschreiben. Alarmiert von steigenden Findlingszahlen und sensibilisiert durch ein neues Verständnis der Kindheit, entstand in weiten Bereichen der Gesellschaft ein erstes Bewußtsein für die Notwendigkeit einer

---

Frankreich war bei der **Aussetzung von Kindern** seit Ende des 17. Jahrhunderts europaweit Vorreiter. So wurden etwa im Jahr 1690 in Paris bereits mehr als eineinhalb Tausend ungewollte Nachkommen an das Hospice des Enfants-Trouvés übergeben. Gleichwohl begreift die sozialgeschichtliche Forschung erst die Jahrzehnte nach 1750 als Hochzeit des Phänomens. Die Statistik der französischen Hauptstadt weist beispielsweise für das Jahr 1772 die Geburt von annähernd 19 000 Kindern aus, von denen über 40 Prozent Aufnahme im Pflegeheim fanden.

gut organisierten und individuell gestalteten Fürsorge. Wesentlichen Einfluß auf diese Entwicklung nahm Rousseaus Erziehungsroman ›Emile‹ aus dem Jahr 1762, doch das schriftliche Engagement des Autors für die aufwendige Betreuung jedes Kindes provozierte eine Überprüfung seines eigenen Verhaltens. Höhnisch faßt Voltaire das Urteil vieler Zeitgenossen Ende 1766 im Brief an einen Vertrauten zusammen: »Sehen Sie Jean-Jacques Rousseau, er schleppt die schöne Mademoiselle Levasseur mit sich herum, (…) der er drei Kinder gemacht hat, die er dennoch ausgesetzt hat, um sich der Erziehung des Herrn Émile zu widmen.«

Rousseau selbst begriff die Diskrepanz wohl schon recht bald, war aber erst während der Abfassung seines pädagogischen Werkes bereit, sie sich auch einzugestehen. Aus der Zeit vor dem Jahr 1757, das den Beginn der Niederschrift des ›Emile‹ markiert, ist zu diesem Thema nur ein Brief an die Frau von Francueil erhalten. In dem Schreiben von 1751 zieht sich Rousseau voller Hochmut und Selbstmitleid auf seine angegriffene Gesundheit, das ökonomische Erfordernis ungestörter Tätigkeit und angebliche Vorteile für die Kinder zurück. Die späteren Äußerungen zeigen mit ihrem konstanten Schwanken zwischen Selbstvorwürfen und Legitimationsversuchen, daß er in dieser Frage nie mit sich selbst ins reine kam. »Die Reue wurde schließlich so lebhaft, daß sie mir im Anfang des ›Emile‹ fast das öffentliche Geständnis meines Fehlers entrissen hätte« *(B)*, schreibt er Anfang 1770 in seinen Erinnerungen. Neun Jahre zuvor hatte er sogar unter der Last der Gewissensbisse die Herzogin von Luxembourg brieflich gebeten, nach dem ältesten der Kinder zu forschen. Als aber eine von Voltaire stammende Schmähschrift Ende 1764 den Sachverhalt publik machte, legte Rousseau in seiner umgehend verfaßten Gegendarstellung großen Wert darauf, die Säuglinge gerade nicht vor dem Hospiz auf der Straße ausgesetzt zu haben. Tatsächlich wurden etwa im Jahr 1746 nur knapp 30 Prozent der beinahe 3300 aufgenommenen Kinder unmittelbar

---

Die Affäre um **Rousseaus Kinder** hat viele Mutmaßungen ausgelöst, die nach heutigem Stand aber kaum verläßlich zu belegen sind. So wird etwa erwogen, Rousseau hätte Nachkommen erfunden, um seine Impotenz zu kaschieren oder durch das Eingeständnis eines schweren charakterlichen Mangels den Eindruck von Aufrichtigkeit zu stärken. Nach anderer Meinung soll Thérèse ihre Schwangerschaften vorgetäuscht und so den sensiblen Rousseau stärker an sich gebunden haben. Eine gewisse Wahrscheinlichkeit hat lediglich die erstmals von George Sand geäußerte Vermutung, die junge Frau sei Rousseau nicht immer treu gewesen.

der Heimleitung anvertraut, und Jean-Jacques wollte selbst diesen banalen Punkt zu seinen Gunsten entschieden wissen. Noch Anfang 1778, ungefähr sechs Monate vor seinem Tod, beharrt er in den ›Träumereien eines einsamen Spaziergängers‹ *(TeS)* auf seiner mangelnden Fähigkeit zur Erziehung und erklärt die Übergabe der Abkömmlinge an das Findelhaus mit dem barschen Gestus seiner Altersjahre für gerechtfertigt: »Ich würde es wieder tun und mit weit geringeren Bedenken, wenn ich es noch einmal tun müßte.«

Noch aber waren die großen Krisen seines Daseins einige Jahre entfernt, und er arrangierte

18 Rousseau und Thérèse bei einer Mahlzeit am Fenster ihrer Wohnung im Hôtel de Languedoc in der Rue Grenelle-St. Honoré, die das Paar wohl Anfang 1750 bezog. Stich von Hédouin

sich einstweilen recht gut mit den Umständen. Seine ökonomische Lage gewann weiter an Stabilität, denn im Frühjahr 1747 fiel ihm das Erbe seines Vaters zu. Isaac Rousseau starb am 9. Mai im Alter von 74 Jahren, doch sein Sohn räumt ein, daß die Erleichterung über den materiellen Gewinn die Trauer um den Verlust überwog. Als schließlich die Familie Dupin das karge Gehalt ihres Sekretärs gegen Ende 1748 etwas erhöhte, genoß Rousseau zum erstenmal das Gefühl, über einen kleinen finanziellen Spielraum zu verfügen. Auch in der Beziehung zu Thérèse fand er zu dieser Zeit noch sehr viel Freude. Anrührend in ihrem wehmütigen Ton lesen sich etwa die Erinnerungen an gemeinsame Ausflüge oder Mahlzeiten, deren Stimmung noch nicht von Verfolgung und Krankheit überschattet

Wenn unsere Freuden geschildert werden könnten, würden sie wegen ihrer Einfachheit Lachen erregen. (…) unsere kleinen Abendessen an meinem Fenster, wo wir einander gegenüber auf zwei kleinen Stühlen saßen, die auf einem Koffer standen, der gerade in die Fensternische paßte. Hierbei diente uns das Fensterbrett als Tisch (…). Wer kann die Reize dieser Mahlzeiten beschreiben und fühlen, die als einzige Gerichte ein Viertel groben Brots, einige Kirschen, ein kleines Stück Käse und einen halben Schoppen Wein umfaßten (…).   *(B)*

ist. Rousseau urteilt rückblickend über die ersten Jahre der Partnerschaft: »[Ich habe] das vollkommenste häusliche Glück gekostet, das die menschliche Schwäche zulassen kann.« *(B)*

Im gesellschaftlichen Bereich setzte Jean-Jacques den Ausbau seiner Beziehungen fort. So lernte er Anfang 1748 Madame d'Épinay kennen, die geistreiche, literarisch ambitionierte Gattin eines wohlhabenden Steuerpächters. Zwischen der jungen Frau und dem 14 Jahre älteren Mann entwickelte sich schnell ein freundschaftliches Verhältnis, und Rousseau war oft zu Gast in ihrem Pariser Haus und auf Schloß La Chevrette, gut 20 Kilometer vor den Toren der Stadt. Am Rand des Waldes von Montmorency gelegen, lud dieses Anwesen zur Beschäftigung mit den angenehmen Seiten des Daseins ein. Wichtigstes Thema dort war die Liebe, denn Madame d'Épinay pflegte seit dem Frühjahr ein Verhältnis mit Francueil. Sie erblickte in dem zurückhaltenden Rousseau, den sie liebevoll ihren »Bären« nannte, eine Vertrauensperson, und so fand sich dieser bald in einem amüsanten Geflecht aus Geheimnis und Galanterie wieder. Neben den Angelegenheiten des Herzens hatte aber auch die Kunst ihren Platz auf La Chevrette. Im Sommer des Jahres begann man mit der Aufführung kleiner Theaterstücke, an denen die Mitglieder der Gesellschaft selbst mitwirkten. Wie Madame d'Épinay berichtet, kam auch Rousseaus Komödie ›Das unbesonnene Versprechen‹ zur Aufführung, wobei der Autor die Rolle als Lakai Carlin übernommen haben soll. Möglicherweise vollbrachte er in diesem Fall mit Hilfe der intimen Kenntnis des Stückes eine Darbietung, die ihm offenbar bei der Mitwirkung an fremden Werken nicht recht glücken wollte. Rousseau bemerkt lakonisch: »Man teilte mir eine Rolle zu, die ich sechs Monate ohne Unterbrechung lernte und die man mir von Anfang bis Ende soufflieren mußte. Nach diesem Versuch bot man mir keine Rolle mehr an.« *(B)*

Um die Jahrhundertmitte war Jean-Jacques vollständig in das Milieu der Aufklärung integriert, doch nicht allen Kontakten kam

19 Denis Diderot, 1713–1784

Diderot bemühte sich nicht nur in der ›Encyclopédie‹, sondern auch in anderen Werken im Sinne der Aufklärung um die Überwindung des starren, mechanistisch-rationalen Weltbilds der frühen Neuzeit. Im Laufe der Zeit wechselte er dabei von gemäßigten, deistischen und sensualistischen Positionen hin zu athei-

der gleiche Stellenwert zu. Mit zwei Personen seines Umfelds verband ihn mehr als die übliche Höflichkeit oder ein nur beiläufiges berufliches Interesse. Die Schilderung der gemeinsamen Zeit macht mit einem Reichtum an Details vielmehr eine Intimität erkennbar, die ahnen läßt, wie Rousseau unter dem späteren Zerfall der Beziehungen gelitten haben muß. Von Anfang an betont er den besonderen Status: »Ich hatte ziemlich viele Bekannte, aber nur zwei Freunde meiner Wahl, Diderot und Grimm.« *(B)*

20 Friedrich Melchior Grimm (ab 1772 Baron von), 1723–1807. Zeichnung von Louis Carrogis

Friedrich Melchior Grimm stammte aus Regensburg, hatte in Deutschland Recht studiert und sich dort auch als Tragödienschreiber betätigt. Finanzielle Nöte trieben ihn Ende 1748 als Tutor eines Adligen nach Paris, wo er schon bald Gefallen an der französischen Lebensart fand. Von nun an verdingte er sich als Vorleser oder Gesellschafter in hochgestellten Kreisen und ging daneben seinen kulturellen Interessen nach. Rousseau und Grimm lernten sich wohl etwa im Frühjahr 1749 kennen und waren für eine Weile unzertrennlich. Ihr stärkstes Band bildete das Interesse an der Tonkunst, und so wurde oft viele Stunden zusammen musiziert.

Die historisch wichtigste und sicher auch engste Freundschaft dieser Jahre aber war die mit Denis Diderot, dessen Bekanntschaft Rousseau bereits im Februar 1742 gemacht hatte. Die Männer teil-

stisch und materialistisch geprägten Sichtweisen. Auch mit dem Theater beschäftigte sich Diderot und entwickelte 1758 in dem von Lessing ins Deutsche gebrachten Stück ›Der Hausvater‹ eine Form des bürgerlichen Trauerspiels. Viele seiner Texte konnten zunächst nur anonym oder handschriftlich erscheinen.

Friedrich Melchior Grimm arbeitete an der ›Encyclopédie‹ (s. u.) mit und veröffentlichte 1753–1773 alle zwei Wochen einen Bericht über alle literarische und philosophische Entwicklungen in Frankreich (›Correspondance littéraire‹), der mit Erfolg an liberal eingestellte Höfe und Personen in Europa verschickt wurde.

ten die Herkunft aus einfacheren Verhältnissen, interessierten sich für ähnliche Fragestellungen und standen beide unmittelbar vor Beginn ihrer geistesgeschichtlich bedeutsamen Schaffensperioden. Anders als Rousseau allerdings hatte der um ein Jahr jüngere Diderot schon jetzt ein spezielles Projekt vor Augen. Inspiriert durch die britische Enzyklopädie von Ephraim Chambers aus dem Jahr 1728, plante er ein umfängliches Wörterbuch, das zum Schlüsselwerk der französischen Aufklärung werden sollte. Seine Konzeption sah dabei vor, die sogenannte ›Encyclopédie‹ nicht nur als Medium für die Vermittlung von Wissen, sondern auch als Träger direkter Angriffe auf die existierenden Strukturen zu nutzen. Viele der Aufklärer waren von diesem kämpferischen Ansatz durchaus angetan. Rousseau beispielsweise kündigt Madame de Warens in einem Brief vom Januar 1749 in forschem Ton an, mit seinen Artikeln über die musikalischen Begriffe alle »Feinde« in ihre Schranken zu weisen. Die von Jean-Jacques erhoffte Abrechnung mit Rameau im Rahmen des Wörterbuchs aber scheiterte an Jean d'Alembert, der Diderot als Herausgeber des Kompendiums bis 1759 zur Seite trat und die von den Autoren eingesandten Texte regelmäßig entschärfte. Der angesehene Wissenschaftler vertraute allein auf die Überzeugungskraft der Wahrheit und hatte wenig Sinn für den Versuch, gesellschaftliche Veränderung durch aggressives Auftreten zu fördern. Diderot beugte sich meist der Nüchternheit d'Alemberts, doch außerhalb dieser Zusammenarbeit mußte er seinen Hang zur Polemik selbst unter Kontrolle halten. Nicht immer war der äußerst temperamentvolle Mann dabei erfolgreich, und so geriet er eines Tages in ernsthafte Schwierigkeiten, die auch Rousseaus Schicksal beeinflußten.

Die ›**Encyclopédie ou Dictionnaire raisonné des sciences, des arts et des métiers**‹ erschien in 17 Text-, elf Tafel- und sieben Ergänzungsbänden zwischen 1751 und 1772 und repräsentiert in der französischen Spätaufklärung die Summe des Wissens auf den Gebieten Wissenschaft, Kunst, Literatur, Technik und Handwerk. Mehr als 160 Autoren lieferten die Beiträge, darunter neben den Herausgebern und Grimm etwa auch Voltaire, Condillac, d'Holbach, Turgot und Marmontel. Rousseau schrieb für das Projekt insgesamt 356 Artikel über Musik sowie die ›Abhandlung über politische Ökonomie‹, die 1755 im fünften Band erschien. Das Werk begleitete mit zum Teil kämpferischer Kritik den Niedergang des *Ancien régime* und sah sich daher immer wieder Störungen und Verboten ausgesetzt, die seine positive Aufnahme jedoch nicht hindern konnten.

Ruhm und innere Reform

A ls Rousseau die geistige Bühne der Moderne betrat, war das *Ancien régime* schon lange im Verfall begriffen, und für eine Hoffnung auf Umkehr bestand kein Anlaß. Ein Wandel des Systems hätte allein von der Spitze des Hofes ausgehen können, doch Ludwig XV. besaß nur wenig vom echten Reformwillen seines Nachfolgers. Erst gegen Ende des Jahres 1770 begann er mit einer kritischen Überprüfung seiner Amtsführung, doch die Änderung des ungerechten Steuersystems und die Entmachtung der reformfeindlichen Parlamente kamen zu spät. Voll Bitterkeit urteilt Graf von Croy, ein Verehrer des Königs, nach dessen Tod 1774: »Alles, was ihm fehlte, war die Fähigkeit, selbst zu entscheiden.«

21 Ludwig XV., König von Frankreich 1715–1774

Immerhin entstand durch den Verzicht des Monarchen auf die unmittelbare Kontrolle aller Vorgänge eine Art Vakuum, das den Interessen der Aufklärung hilfreich war. Es diente in der Phase der schärfsten Auseinandersetzung, den Dekaden nach 1750, als Raum für eine produktive Entfaltung der neuen Affinität von Aristokratie und Intelligenz. So suchten die kritischen Geister der Zeit oft über die Welt des Adels eine stärkere Anerkennung ihres Denkens zu erreichen, während viele Angehörige der Oberschicht ihrerseits mit den Ideen der Aufklärung sympathisierten. Als der Spätabsolutis-

Ludwig XV. setzte eine Politik der militärischen Expansion fort, die 1763 zum Verlust der meisten Kolonien in Nordamerika und Indien führte und den endgültigen finanziellen Ruin des Landes einleitete. Auch das innere Gefüge des Staates litt, denn der Herrscher in Versailles übernahm den aufwendigen Lebens-

stil des »Sonnenkönigs«, nicht aber dessen unbegrenztes Selbstbewußtsein. Lange Zeit ließ er sich von fremder Meinung leiten und förderte auf diese Weise eine ineffiziente und teure Günstlingswirtschaft, in der seine Mätressen Marquise de Pompadour oder Comtesse du Barry die zentrale Rolle spielten.

mus nun bestimmte Gestaltungsspielräume freigab, zögerte der
Kreis der liberalen Aristokraten nicht, seinen Einfluß zu nutzen.
Die offiziellen Entscheidungsträger profitierten dabei von der im
18. Jahrhundert langsam entstehenden Selbständigkeit der Bürokra-
tie, die eine wichtige Voraussetzung für wirksame Interventionen
darstellte. Von erheblicher Bedeutung war in diesem Zusammenhang das Amt des *directeur de la librairie*, dessen Inhaber nach einem
Gesetz von 1723 formal die Veröffentlichung einer jeden Schrift
vorab zu genehmigen hatte. Diesem Posten arbeiteten in der Mitte
des Säkulums etwa 80 Gutachter zu, doch ihr Urteil zog nicht unbedingt ein Verbot nach sich, wenn der leitende Zensor Interesse für
das Sujet hegte und ein gewisses taktisches Geschick im Umgang
mit den vorgesetzten Behörden bewies. Der Graf von Argenson,
der 1749 dem Buchwesen des Landes vorstand, war ein durchaus
weltoffener Mann, aber auch er mußte stets das aktuelle politische
Klima berücksichtigen. Vor allem einzelne Ereignisse erhöhten die
Sensibilität der Kontrollorgane und konnten zu einem Verweis
oder zur Aufhebung einer Druckerlaubnis, manchmal sogar zur
Verbrennung von Werken oder gar zur Verhaftung des Autors
führen. Ein Attentat auf Ludwig XV. etwa sollte 1757 die Maßstäbe
der Zensur erheblich verschärfen, und 1749 hatten die innenpoli-
tischen Nachwirkungen des Aachener Friedens einen ähnlichen
Effekt. Die heftige öffentliche Kritik an der Steuererhöhung, mit der
Versailles die finanziellen Folgen des Krieges kompensieren wollte,
bewog die Autoritäten, das Land an ihre Macht zu erinnern, und so
mußten Vertreter antiklerikaler oder republikanischer Gesinnun-
gen nun mit unangenehmen Reaktionen rechnen. Insofern war es
für Diderot sicher kein großer Trost, daß der Graf von Argenson
am 23. Juli des Jahres einen Haftbefehl gegen ihn nur mit Bedauern
unterzeichnete.

Auf einmal fühle ich, daß mein Geist von tausend Lichtern geblendet
wird, ganze Massen lebhafter Gedanken stellen sich ihm mit einer
Gewalt und in einer Unordnung dar, die mich in eine unaussprechliche
Verwirrung versetzt; meinen Kopf ergreift ein Schwindel, welcher der
Trunkenheit gleicht. Ein heftiges Herzklopfen beklemmt mich, hebt
meine Brust empor; da ich gehend nicht mehr atmen kann, lasse ich mich
am Fuß eines Baumes am Wege hinsinken und bringe eine halbe Stunde
dort in einer Bewegung zu, daß ich beim Aufstehen das ganze Vorderteil
meiner Weste mit Tränen genetzt finde, ohne gefühlt zu haben, daß ich
welche vergoß.
Rousseau über die sogenannte »Erleuchtung von Vincennes« (BaM)

Rousseaus Freund bot sich als Demonstrationsobjekt an, denn er war schon drei Jahre zuvor in Konflikt mit der Orthodoxie geraten. Das Parlament von Paris hatte in seiner Funktion als Gerichtshof im Juli 1746 Diderots ›Philosophische Gedanken‹ verboten und verbrennen lassen, auf körperliche Sanktionen gegen den Verfasser jedoch verzichtet. Jetzt aber führten einige Anspielungen auf etablierte Mitglieder der Gesellschaft und eine tendenziell materialistische Argumentation im ›Brief über die Blinden‹ zu langen Verhören und der Arrestierung im Schloß von Vincennes. Einen Monat mußte Diderot im düsteren Turm des Anwesens verbringen, dann erlaubte man ihm, sich in den Anlagen um das Schloß zu ergehen und Besuche von seiner Frau oder Freunden zu empfangen. Rousseau nutzte diese Gelegenheit häufig, obwohl der Weg nach Vincennes keineswegs angenehm war. Um das Geld für eine Kutsche zu sparen, legte er die etwa acht Kilometer jedesmal zu Fuß zurück und hatte dabei oft mit der sommerlichen Hitze des Jahres 1749 zu kämpfen. Schließlich kam er auf die Idee, sich beim Gehen durch Lektüre Entspannung zu verschaffen, und so nahm er eines Tages im Oktober die neue Ausgabe des ›Mercure de France‹ auf seine kleine Wanderung mit. Irgendwo zwischen Paris und Vincennes fiel sein Blick auf die Preisfrage der Akademie von Dijon für das kommende Jahr, 1750. »Ob der Fortschritt der Wissenschaften und Künste zur Verderbnis oder zur Veredelung der Sitten beigetragen hat«, wollten die Gelehrten aus Burgund wissen, doch die Folgen dieser Formulierung konnten sie nicht ahnen. Rousseau berichtet: »Im Augenblick, da ich dies las, sah ich eine andere Welt, und ich wurde ein anderer Mensch.« *(B)*

Was hatte Rousseau erblickt? Im ›Vorwort zu einem zweiten Brief an Bordes‹ *(BaB)* nennt er den Zusammenhang, der sich ihm offenbarte, ein »großes und trauriges System«. Dessen Grundlage bildet die Überzeugung, gerade den kulturellen Entwicklungen der Menschen – ihren Institutionen, ihren Erfindungen, ihren Gewohn-

---

Als das Programm der Akademie von Dijon erschien, kam Rousseau ratsuchend zu mir, welche Partei er ergreifen sollte. »Die Partei, die Sie ergreifen werden«, sagte ich zu ihm, »ist die, die kein anderer ergreifen wird.« »Sie haben recht«, antwortete er.
Diderot über die Entstehung von Rousseaus Preisschrift
›Abhandlung über die Regierung von Claudius und Nero‹, 1782

heiten – könne eine korrumpierende Wirkung auf die Unschuld und Güte der ursprünglichen menschlichen Natur nachgewiesen werden. Diderot blieb diese Ansicht nicht lange verborgen, denn Jean-Jacques traf in großer Erregung im Schloß von Vincennes ein und berichtete von seinem Erlebnis. Der inhaftierte Enzyklopädist unterstützte seinen Freund in dem Vorhaben, sich der Öffentlichkeit mitzuteilen, und so entstand in knapp sechs Monaten Rousseaus erstes wichtiges Werk, die ›Abhandlung über die Wissenschaften und Künste‹ *(AüW)*. Auch wenn eine genaue Ausarbeitung des gedanklichen Grundprinzips im philosophischen Debüt des Genfer Handwerkersohns noch an der Frage der Akademie und einem auf weite Strecken eher suggestiven Stil scheitert, so ist die Schrift gleichwohl ein Manifest meisterhafter Rhetorik und argumentativer Originalität, das in der Geschichte des menschlichen Geistes in der Tat als »Grundtext der modernen Kulturkritik« (Kurt Weigand) gelten darf.

Die ›Abhandlung über die Wissenschaften und Künste‹

Rousseau eröffnet seine Abhandlung, in der Regel ›Erster Diskurs‹ genannt, mit einem historischen Rückblick, der zunächst ganz im Geist der Aufklärung in der Renaissance die begrüßenswerte Überwindung des katholischen Mittelalters sieht. Der Text verfolgt hier rhetorisch das Programm des Francis Bacon, für den die Wissenschaft das Wohl der Menschen garantiert und der insbesondere dem Kreis der Enzyklopädisten eine Leitfigur war. Schnell jedoch wird deutlich, daß in der Frage nach der Reichweite dieser Weltsicht keinerlei Konsens besteht. In Rousseaus Vorstellung ist das wahre theoretische Wissen nur echten Genies – etwa Sokrates, Newton, Bacon, Descartes – zugänglich, und auch sie benötigen zur Umsetzung ihrer Kenntnisse eine sittlich intakte soziale Gemeinschaft und die Hilfe der Mächtigen. Die umfassende und wirksame Popularisierung echter Einsicht aber ist ausgeschlossen, das darauf gestützte Konzept des gesamtgesellschaftlichen Fortschritts Illusion. Konsequent erscheint für Rousseau der Gelehrte heute als Teil eines Kulturbetriebs, dessen Rechtfertigung noch aussteht. Für die Wissenschaften und Künste spricht, daß sie nicht die Ursachen der negativen Entwicklung repräsentieren. Ruft Rousseau zunächst mit Blick auf die Historie Sparta und das frühe Rom in den Zeugenstand, um die zeitliche Einheit von allgemein und mühelos gelebter Tugend und kultureller Rückständigkeit zu zeigen, so ergibt eine genauere Analyse einen komplexen prozessualen Zusammenhang. In der geschichtlichen Perspektive beginnt das Übel mit einer ungleichen Verteilung privater Güter, die Herrschaft und Knechtschaft aus sich entläßt und damit einen erbitterten Kampf um den sozialen Aufstieg auslöst. Auf der Seite derjenigen, die es zu Reichtum bringen, entlädt sich der moralische Verfall in dem Raum, den Luxus und Müßiggang eröffnen. Dabei muß der Luxus als Forum für eine Entfaltung der Künste, die Muße als Basis für die Etablierung der

Am 9. Juli 1750 sprach die Akademie von Dijon Jean-Jacques den Preis für seinen Text zu, und kurz darauf erwachte das öffentliche Interesse an Werk und Autor. Der Abbé Raynal, als Herausgeber des ›Mercure de France‹ in einer der Schlüsselpositionen des literarischen Lebens in Frankreich, förderte die Neugierde der akademischen Welt, indem er im Herbst und Winter des Jahres einen Brief Rousseaus, einige seiner Verse, eine Ankündigung und Auszüge aus der prämierten Schrift veröffentlichte. Die Abhandlung selbst erschien nur mit Verzögerung. Zwar überwachte seit 1750 der äußerst liberale Chrétien-Guillaume de Malesherbes das Buchwesen, doch dem Verleger Pissot war Rousseaus Verzicht auf eine förmliche Druckerlaubnis nicht geheuer. Ende November schließlich konnte die Schrift in Paris ausgeliefert werden. Nach kurzer Zeit schon war die erste Auflage vergriffen und rief, wie Grimms ›Correspondance littéraire‹ vom 15. Februar 1754 erinnert, in der Stadt an der Seine »geradezu eine Revolution« hervor. Rousseau,

Wissenschaften gedacht werden. In diesem Kontext lassen sich dann sogar einzelne Disziplinen auf bestimmte Laster zurückführen; die Sternkunde etwa soll aus dem Aberglauben, die Meßkunst aus dem Geiz stammen. Dennoch kommt der Pflege von Wissenschaft und Kunst nicht allein der Rang eines unschuldigen Produktes zu. Die Blüte der Kultur wirkt vielmehr auf das individuelle Verhalten zurück und verleiht ihm eine Feinheit, die vordergründig Humanität und Eleganz verbindet. In Wahrheit aber verschleiert das ritualisierte Diktat der Galanterie nur die Befindlichkeit der Menschen, versetzt sie in einen Zustand der Ungewißheit und stabilisiert so die moralischen Defizite. Zugleich fördert der universale Charakter der Verhaltensregeln die Einebnung nationaler Eigenarten und erkauft einen substanzlosen Kosmopolitismus mit der Zerstörung der urwüchsigen, natürlichen Identität, die allein als Basis einer gelingenden sozialen Gemeinschaft taugt. Ohne diese überschaubare Struktur aber gibt es keine Chance, den einfachen Menschen für das Wohl der Allgemeinheit zu interessieren. Rousseau illustriert die dekorative, das fatale System stützende Funktion der Wissenschaften und Künste mit dem Bild der »Blumenkränze«, die die Mängel des Daseins in der Gesellschaft verdecken. Wenn der Hochkultur überhaupt noch ein konstruktiver Wert zugesprochen werden kann, dann nur aus der Sicht des einsamen Versuchs, inmitten des Niedergangs Elemente von Güte zu bewahren. So ist es möglich, mit Hilfe eines sorgfältig konzipierten künstlerischen oder wissenschaftlichen Werks den Hang zum Bösen wenigstens zu mildern und zu zerstreuen. Selbst wenn die verlorene Unschuld nicht mehr wiederkehrt, dürfen die Bestrebungen der Kultur also nicht einfach aufgegeben werden. Rousseau erklärt. »Wir würden Europa nur wieder in die Barbarei zurücksinken lassen, und die Sitten würden nichts dabei gewinnen.« (›Bemerkungen über die Antwort des Königs von Polen‹ [KvP])

22 Chrétien-Guillaume de La-
moignon de Malesherbes, 1721–1794

der im Winter wegen seiner schlechten Gesundheit längere Zeit im Bett verbrachte, erfuhr von den Folgen seiner Mühe durch Diderot. In den ›Bekennt-nissen‹ referiert er den Wort-laut, mit dem sein Freund ihm vom Triumph der Schrift berich-tete: »›Sie schwingt sich‹, versi-cherte er mir, ›über die Wolken empor. Es gibt kein Beispiel für einen ähnlichen Erfolg.‹«

Rousseaus Angriff auf die Überzeugungen des Säkulums konnte nicht ohne Widerspruch bleiben. Im Juni 1751 eröffnete der ›Mercure de France‹ mit einer offenbar von Raynal stammenden Besprechung der Abhandlung die öffentliche Debatte. In der Folge meldeten sich weitere Perso-nen zu Wort, und Rousseau mußte einige Kritik hinnehmen. Feh-lende historische Exaktheit, ein undifferenzierter Umgang mit den einzelnen Disziplinen oder das Lob militärischer Tugend wurden ihm vorgeworfen, und er nutzte die Gelegenheit, die Schwächen seiner Gedankenführung zu beheben. Im Rahmen dieser Diskus-sion war von der Bitterkeit, die sich in späteren Jahren auf beiden Seiten entwickelte, wenig zu erahnen. Hinter den Einwänden gegen den ›Ersten Diskurs‹ stand noch nicht die Erkenntnis, wie dauerhaft sein Verfasser mit den Grundsätzen der gelehrten Welt brechen wollte, und Jean-Jacques selbst empfand das Interesse der gebildeten Kritiker wohl eher als eine Ehre. Tatsächlich verhalf ihm im Grunde erst diese Debatte zu einer Bekanntheit, die über den Zirkel der originär an der Thematik Interessierten hinausreichte. In der Autobiographie verwendet Rousseau für den neuen Stand sei-

---

Rousseau betrachtete **Malesherbes** als Vertrauensperson und schrieb 1762 die ›Vier Briefe an Males-herbes‹ *(BaM)*, das erste zusammen-hängende Portrait seiner eigenen Person.

An der **Diskussion** um Rousseaus Abhandlung beteiligten sich unter anderem Charles Bordes, der »Voltaire von Lyon« und Freund Jean-Jacques' aus dessen Zeit als Tutor in der südlichen Metropole, der angesehene Jean d'Alembert und schließlich sogar Stanislaw I., bis 1735 König von Polen, mit

nes Ansehens ein anschauliches Wort: »Der Erfolg meiner ersten Schriften hatte mich in Mode gebracht.« *(B)*

Etwa zeitgleich mit seinem Aufstieg in das Zentrum allgemeiner Aufmerksamkeit begann Jean-Jacques mit der Reform seiner Person, die sich auf der Straße nach Vincennes angekündigt hatte. Das genaue Datum seiner Handlungen ist nicht zu bestimmen, doch die nach außen sichtbaren Änderungen nahm er wohl in der Phase zwischen der Verleihung des Preises und dem Ende des Winters 1750/ 1751 vor. Er dokumentierte seinen Vorsatz, nun in tugendhafter Unabhängigkeit und relativer Armut zu leben, durch den Verzicht auf gezierte Konversation, teure Kleidung, seinen Degen, seine Uhr und das eintönige, aber sehr einträgliche Amt eines Kassierers, das Monsieur de Francueil ihm erst vor kurzer Zeit übertragen hatte. Statt dessen verlegte sich der eigenwillige Literat auf das handschriftliche Kopieren von Noten zu einem festen Preis pro Seite, das ihm bis an sein Lebensende ein Forum für die ungestörte Reflexion über die Themen seiner Werke sein sollte. Der Handwerkersohn war sich wohl bewußt, daß er selbst sein Verhalten noch wenige Wochen zuvor als sozialen Abstieg betrachtet hätte.

Im Frühsommer 1752 verbrachte Jean-Jacques einige Tage im Haus des reichen Genfers François Mussard in Passy, einem kleinen Ort an der Seine in der Nähe von Paris. Gegenstand der Gespräche zwischen den Landsleuten war oft die Musik Italiens, über die auch der weitgereiste Juwelier aus erster Hand zu berichten wußte. Dem Thema kam große Aktualität zu, denn Rousseaus Freund Grimm hatte im März des Jahres mit einem ›Brief über Omphale‹, der sich kritisch mit der gleichnamigen Oper von Destouches beschäftigt, eine Diskussion aus den Anfängen des Jahrhunderts wiederbelebt. Bereits 1702 publizierte der Geistliche François Raguenet eine Schrift, die die Entwicklung spezifischer Nationalstile in der Musik des Barocks zum Anlaß nimmt, die Tonkunst in Frankreich und Italien einer vergleichenden Bewertung zu

zum Teil längeren Stellungnahmen. Als die Debatte im April 1752 ein Ende fand, hatte sie ein knappes Jahr lang die akademische Öffentlichkeit in Frankreich beherrscht und war auch in der Schweiz, Holland und Deutschland mit großer Aufmerksamkeit verfolgt worden.

Da ich meinte, für die Zukunft nicht mehr sorgen zu brauchen, und die Eitelkeit zum Schweigen brachte, wurde ich vom Kassierer eines Finanzmannes zum Notenkopisten.
Rousseaus Kommentar zur Reform seiner Person (B)

unterziehen. Die Attacke des Traktats auf die ästhetische Selbstgewißheit in der absolutistischen Monarchie Ludwigs XIV. löste
eine längere polemische Debatte aus, blieb aber ansonsten zunächst
ohne Wirkung; noch 1743 fand die Pariser Inszenierung des Intermezzos ›Die Magd als Herrin‹, eine Dekade zuvor von Pergolesi in
Neapel komponiert, nur wenig Beifall. Inzwischen war jedoch die
Zeit für eine intensive Beschäftigung mit der Problematik gekommen. Der ›Brief über Omphale‹ sorgte für Aufregung und bewog
Rousseau, seinem Freund mit einer eigenen Veröffentlichung zur
Seite zu treten. So entwarf er den ›Brief an Herrn Grimm, die
»Bemerkungen« zu seinem Brief über die »Omphale« betreffend‹,
der noch im selben Frühjahr erschien und dem Deutschen in den
wichtigsten Punkten beipflichtet. Bereits bei der Abfassung dieses
Textes dürfte Jean-Jacques allerdings gespürt haben, wie wenig Erfolg die Diskussion ohne ein Anschauungsobjekt versprach. In Passy nun, mehrere Wochen später, verstärkte ein langes abendliches
Gespräch mit Mussard über die Vorzüge der italienischen *opera
buffa* dieses Gefühl und machte eine Ruhe unmöglich. Rousseau
berichtet: »Da ich diese Nacht nicht schlief, dachte ich darüber
nach, wie man es machen könnte, um in Frankreich die Vorstellung
von einem Drama dieser Art zu erwecken.« *(B)* In den folgenden
Tagen skizzierte er, von Mussard und dessen Gästen ermutigt, ein
kleines Werk, das in der Geschichte der europäischen Musik einen
Wendepunkt markiert: das Singspiel ›Der Dorfwahrsager‹ *(DWS).*

›Der Dorfwahrsager‹

Das Libretto von Rousseaus Stück setzt neben einem Chor aus jungen
Leuten des Dorfes lediglich drei weitere Personen in Szene: Colin, Colette
und den Wahrsager. Der Schäfer Colin wird von einer Dame aus der
Stadt umworben und schenkt deswegen seiner Geliebten Colette kaum
noch Beachtung. Colette wendet sich ratsuchend an den Zauberer des
Dorfes, der auch sogleich Hilfe weiß. Er schlägt dem Mädchen vor, selbst
eine Liebschaft mit einem »beau Monsieur de la Ville« vorzutäuschen,
um die Eifersucht Colins zu wecken. Colette, die tatsächlich schon einmal
von einem Herrn aus der Stadt hofiert worden war, willigt in das Spiel
ein. Als der Wahrsager Colin vom scheinbar unwiderruflichen Verlust
seiner Geliebten berichtet, ist der Schäfer der Verzweiflung nahe und
ersucht den Magier um einen Beweis seiner Kunst, der Colettes Herz
noch einmal erweichen soll. Der Zauberer vollführt ein entsprechendes
Ritual, dem er gegenüber Colin die Kraft zuschreibt, das Mädchen
zurückzubringen. Auf diese Weise findet das Paar wieder zusammen;
der junge Mann entsagt der Versuchung von Größe und Reichtum, denn
sogar das harte Leben auf dem Land ist voller Schönheit, wenn es von

echter Liebe begleitet wird. Der Schlichtheit dieser Handlung entspricht die Musik, deren Konzept bewußt von besonderem künstlerischem Anspruch absieht. Die eingängigen Melodien der Lieder sind über eine einfache Harmonik gesetzt, die ein Streichquartett, bisweilen verstärkt durch Oboen oder Fagotte, vorträgt. Rousseau verzichtet auf Kastraten, koloraturreiches Belcanto, pathetische Rezitative und eine zu stark ausdifferenzierte Polyphonie, um den Eindruck des Künstlichen zu vermeiden. In Übereinstimmung mit den Regeln seiner Kulturkritik strebt er das Ursprüngliche an, um sein Publikum wirklich zu erreichen. Er glaubt: »(…) alles, was den Rahmen des Natürlichen sprengt, rührt uns nicht mehr an.« (›Brief über die französische Musik‹ *[BfM]*)

Den stärksten Einfluß auf Rousseaus Werk hatte wohl Pergolesis bekanntes Intermezzo, das als Frühform der *opera buffa* (ital. »komische Oper«) gilt. ›Die Magd als Herrin‹ ent-
nimmt ihre Personen dem Fundus ty-
pisierter Charaktere in der *commedia dell'
arte*, verarbeitet auf sentimentale und be-
lustigende Weise den bürgerlichen Alltag,
verwendet Dialekt und Alltagssprache,
weist schwungvolle, gleichsam dialogische
Motive auf, begreift Lied und Ensemble
als Mittel des Vortrags und versammelt in
dieser lebendig-sinnlichen Abkehr von der
virtuos überladenen, strengen, symbolhaf-
ten Gestaltung des Barocks schon wichtige
Elemente der eigentlichen *opera buffa*, die
zum Übergang in die musikalische Epoche des Empfindsamen Stils (s. S. 64) bei-
trägt und sich etwa ab 1750 vor allem in
Venedig und Neapel entwickelt. Rousseau
orientiert sich an diesen Prinzipien, ver-

23 Giovanni Battista Pergolesi, 1710–1736

bindet sie aber mit anderen Elementen zu einer neuartigen Einheit. So verlegt er die Handlung seines Singspiels in das Milieu der Pastorale, der im Rahmen der französischen Oper 80 Jahre lang nur geringe Bedeutung zukam, und bedient sich der *vaudevilles*, der populären Lieder mit Refrain, und der gesprochenen Dialoge aus den diversen Formen musikalischer Komödien, die seit dem 17. Jahrhundert in den Pariser Vorstädten existierten. Mit diesem Verfahren gelingt der Schritt zur Konstituierung der *opéra comique*, die von jetzt an als selbständige Gattung gilt. Der prägende Einfluß des ›Dorfwahrsagers‹ auf das Genre des komischen Musiktheaters zeigte sich in der Folge im Werk französischer Komponisten wie Monsigny, Philidor, de la Borde oder Duni und schließlich auch in den Arbeiten von Wolfgang Amadeus Mozart. Der wichtigste Vertreter buffonesker Gestaltung überhaupt erinnert an Rousseau und dessen Leistung nicht nur durch die Verwendung der entsprechenden Formensprache, sondern sogar durch ein ganzes Opus. Tatsächlich schrieb Mozart 1768, im Alter von zwölf Jahren, ein Singspiel, das sich vom Titel bis in einzelne Szenen an der Vorlage des Genfer Autodidakten orientiert: ›Bastien und Bastienne‹.

Etwa drei Wochen später, wieder in Paris, hatte Rousseau sein Werk vollendet. In Erinnerung an den Mißerfolg der ›Galanten Musen‹ bat er den einflußreichen Charles Duclos, sich an der Oper für die Probe des Singspiels einzusetzen, dabei aber den Autor nicht zu nennen. Der Schriftsteller kam diesem Ansinnen nach, und am 24. Juni trat das Ensemble des Hauses zusammen, um das kleine Intermezzo einzuüben. »Alle Zuhörer waren von ihm so entzückt, daß man schon am nächsten Tage von nichts anderem sprach« (B), beschreibt Rousseau den Erfolg der Probe. Schließlich entschied der zuständige Beamte des Hofes, das charmante Stück zuerst in Fontainebleau zu Gehör zu bringen. Also beschäftigte sich die königliche Bühne über den Sommer mit dem Werk und setzte eine Aufführung für den 18. Oktober an. Im Rückblick bezeichnet Rousseau das Datum als einen der »kritischen Zeitpunkte meines Lebens« (B), und in der Tat wird hier der innerliche Zwiespalt, der diese Daseinsphase prägte, deutlich erkennbar. Ohne festliche Kleidung, unrasiert und ungekämmt, wohnte der inzwischen als solcher bekannte Komponist in Anwesenheit des Königspaares der Premiere seiner Oper bei. Auch eine exponierte Stellung durfte ihn nach seiner Überzeugung nicht daran hindern, das Diktat der gesellschaftlichen Vorgaben zu ignorieren. Reste von Zweifel legten sich bald, denn das hochrangige Publikum reagierte auf das Schäferspiel mit Begeisterung. Noch während der Darbietung konnte Jean-Jacques in seiner Loge den Erfolg seiner Arbeit erleben: »Ich hörte um mich ein Flüstern der Frauen, die mir schön wie Engel schienen und sich halblaut zuriefen: ›Das ist reizend. Das ist entzückend. Jeder Ton hier spricht zum Herzen.‹« (B)

Rousseau genoß die Aufführung, doch sein Triumph währte nicht allzu lange, denn kurz nach der Vorstellung erreichte ihn eine Botschaft, die dem Konflikt zwischen Prestige und Prinzip eine neue Dimension verlieh. Ein Funktionär des Hofes überbrachte die Mitteilung, man verlange für den nächsten Vormittag die Anwe-

Der sogenannte **Empfindsame Stil** in der Musik reflektiert die allgemeine Hinwendung zur Ursprünglichkeit in der europäischen Kultur zwischen ca. 1740 und 1780. Er repräsentiert den Übergang von der musikalischen Epoche des Barocks in die der Klassik und stellt dem konstruierten und gelehrt-symboli-schen Denken einen unmittelbaren und subjektiv geprägten Gefühlsausdruck entgegen. Gearbeitet wird mit entlegenen Tonarten, Seufzerfiguren, Aufhebung der Taktbindung und anderen expressiven Gestaltungsmitteln. Hauptvertreter dieser Stilrichtung ist Carl Philipp Emanuel Bach (1714–1788).

senheit des Komponisten, da ihm der König persönlich eine Pension anzukündigen gedenke. Konnte der auf seine materielle und geistige Unabhängigkeit pochende Sohn eines Genfer Handwerkers das Geschenk des absolutistischen Herrschers akzeptieren? Rousseau verneinte diese Frage für sich, denn er ging davon aus, daß die Annahme einer Pension ihn zu lebenslanger Dankbarkeit verpflichten und damit jede Möglichkeit zur Kritik kosten würde. Die Vorstellung aber, dem König einen solch radikalen Standpunkt darlegen und dabei den rechten Ton zwischen Respekt und Stolz treffen zu müssen, war dem gelegentlich so unbeholfenen Mann äußerst unangenehm. In dieser Lage dürfte ihm die Befürchtung, sein schlechter Gesundheitszustand könnte bei der Audienz einen Skandal auslösen, als willkommener Hinweis auf einen Ausweg erschienen sein. Von Geburt an litt Jean-Jacques unter sogenannter »akuter intermittierender Porphyrie«, einer komplizierten, kaum behandelbaren Stoffwechselstörung. Diese Krankheit verursachte in späteren Jahren zusätzlich Lähmungserscheinungen und psychische Probleme, äußerte sich jedoch in den Zeiten der ersten Erfolge im wesentlichen in den bereits erwähnten Schwindelgefühlen und besonders in ungeregeltem Harnverhalten. Die Beeinträchtigung des Urogenitalbereichs, regelmäßig auf schmerzhafte Art mit Sonden behandelt, verhinderte das kontrollierte Wasserlassen und zwang den Kranken immer wieder dazu, sich ohne Ankündigung schnell zurückzuziehen. Ein derartiges Benehmen schien in Gegenwart eines Monarchen jedoch undenkbar, und so wählte Jean-Jacques erleichtert seine körperliche Verfassung als Ausrede, nicht an der Audienz teilnehmen zu müssen. In den ›Bekenntnissen‹ heißt es: »Ich erklärte meinen Entschluß Grimm, der nichts dagegen einwandte. Den anderen gegenüber führte ich meine Gesundheit an und reiste am selben Morgen ab.«

Diese Handlungsweise stieß allgemein auf Unverständnis, konnte den Erfolg des ›Dorfwahrsagers‹ jedoch nicht aufhalten. Bereits am

Am ersten März wird man in der Oper von Paris zum erstenmal den ›Dorfwahrsager‹ geben; ich schone mich bis dahin äußerst sorgfältig, um das Vergnügen zu haben, ihn ansehen zu können. Er wird Rosenmontag nochmals in Château Bellevue gespielt, in Gegenwart des Königs, und Madame la Marquise de Pompadour wird eine Rolle übernehmen. Weil alles von Damen und Herren des Hofes gespielt wird, mache ich mich darauf gefaßt, daß man mein Stück falsch und verhunzt singt, und werde darum nicht hingehen. *Rousseau an Madame de Warens, 13. Februar 1753*

24. Oktober wurde das Werk ein weiteres Mal bei Hof aufgeführt, zwei Vorstellungen folgten im Winter. In einem Fall übernahm sogar Madame de Pompadour persönlich eine Rolle, und der König fuhr nach entsprechenden Berichten fort, »mit der falschesten Stimme seines Königreichs« *(B)* die Melodien der Komposition zu singen. Anfang März 1753 hatte das Stück Premiere an der Pariser Oper, die es aufgrund des großen öffentlichen Zuspruchs bis 1778 über sieben Spielzeiten in ihr Programm aufnahm. Aufführungen 1763 in Versailles, 1765 in Straßburg, 1770 in Lyon verbreiteten das Singspiel auch in anderen Teilen Frankreichs, bis zum Jahr 1767 war es in Belgien, Schweden, Italien, Holland, Deutschland, Österreich, England und schließlich in Irland angelangt. Pünktlich zur Präsentation in der Hauptstadt erschien, wiederum bei Pissot, auch die Druckfassung des Werks, an der sein Verfasser recht ordentlich verdiente. Nicht ohne Zynismus bemerkt Rousseau, dem bereits vom Hof und von der Oper respektable Summen zugeflossen waren, daß ihm das in wenigen Wochen und ohne große Mühe geschriebene Zwischenspiel »fast ebensoviel einbrachte wie später der ›Émile‹, der (…) zwanzig Jahre Nachdenken und drei Jahre Arbeit gekostet hatte« *(B)*. Neben einer Verbesserung seiner finanziellen Situation aber verdankte er dem Erfolg des originellen Intermezzos vor allem eine weitere Profilierung seiner Person in der Öffentlichkeit. Als im Sommer 1753 sein Portrait aus der Hand von Maurice-Quentin de la Tour ausgestellt wurde, durfte sich der mittlerweile gut vierzigjährige Mann aus Genf eines Grades an positiver Popularität erfreuen, den er in seinem Leben nie mehr erreichen sollte. Es ist daher keineswegs übertrieben, wenn Rousseau in seinen Erinnerungen sagt: »›Der Dorfwahrsager‹ brachte mich vollends in Mode, und bald gab es in Paris keinen gesuchteren Menschen als mich.« *(B)*

Ich suche darin den strengen Kritiker der Literatur, den Cato und Brutus unserer Tage; ich habe erwartet, einen Epiktet in lässiger Kleidung und mit zerzauster Perücke zu sehen, einen Epiktet, der mit seinem strengen Blick den Schriftstellern, den Großen und den Vornehmen Furcht einflößt; und ich sehe nur den Verfasser des ›Dorfwahrsagers‹, schön gekleidet, schön frisiert, schön gepudert und lächerlicherweise auf einem Korbstuhl sitzend. *Diderots Kritik am Rousseau-Portrait von de la Tour, in ›Versuch über die Malerei‹, 1765*

Der Streit beginnt

Noch vor Ende des Jahres jedoch schlug die Wertschätzung in weiten Bereichen der Öffentlichkeit ins Gegenteil um, und Rousseau selbst zeichnete für diesen Wandel verantwortlich. Auslöser war seine Beteiligung am sogenannten »Buffonistenstreit«. Während seine Freunde dabei engagiert die Authentizität und Natürlichkeit der italienischen Opernwerke verteidigten, hielt sich Rousseau in der öffentlichen Debatte zunächst zurück. Im November 1753 jedoch veröffentlichte er eine Schrift, die die Eignung des Französischen für eine gehaltvolle Gesangskultur schlichtweg verneint und die kompositorische Tradition des Bourbonenreiches mit Prädikaten wie »abgeschmackter Plunder« oder »konfuser Lärm« bedenkt: den ›Brief über die französische Musik‹.

Es erstaunt kaum, daß diese Formulierungen heftige Reaktionen auslösten. Rousseau konnte sich zeitweise nicht ohne Personenschutz in der Öffentlichkeit zeigen, Mitglieder des Opernorchesters verbrannten ihn symbolisch, das Recht des Komponisten auf freien Eintritt wurde ihm entzogen, und selbst die Furcht vor einer Inhaftierung oder auch Ausweisung war zwischenzeitlich keineswegs unbegründet. Grimms Wort trifft die Lage genau: Das Traktat des Genfer Autodidakten setzte Paris in kurzer Zeit »an allen vier Ekken (…) in Brand« (›Correspondance littéraire‹, 15. Dezember 1753).

Am 7. März 1754 mußte die italienische Schauspielgruppe auf Druck ihrer Gegner die Saison beenden, und die öffentliche Debatte wandte sich anderen Themen zu. Auch die intellektuelle Elite in Paris verlegte sich wieder in vollem Umfang auf die Arbeit an ihren Projekten, unter denen der ›Encyclopédie‹ die größte Bedeutung zukam. Obwohl Diderot erst im November 1749 aus dem

Der sogenannte **Buffonistenstreit** begann am 1. August 1752 mit der Pariser Aufführung von Pergolesis ›Die Magd als Herrin‹ durch eine Gesellschaft italienischer *buffoni* (fahrender Opernkünstler). Anders als neun Jahre zuvor rief das Werk nun enthusiastische Reaktionen beim französischen Publikum hervor, und dieses Phänomen veränderte den Charakter der bis dahin eher moderat geführten Diskussion über die Nationalstile in der Musik. Zwei Parteien entstanden, die nach ihren Versammlungsorten in der Oper – unter der Loge des Herrschers oder unter der seiner Gattin – als *coin du roi* oder *coin de la reine* bezeichnet wurden.

Arrest entlassen worden war, hatten d'Alembert und er schon eineinhalb Jahre später den ersten Band des Werkes veröffentlicht.
Bereits damit lag das Material für einen Disput mit Rousseau griff-
bereit; dennoch betrachteten die Philosophen den Genfer nach wie
vor als einen der ihren. Das exzentrische Äußere des Mannes
schien nur Entsprechung seiner geistigen Originalität und trat hinter die Qualität seiner literarischen und musikalischen Arbeit
zurück, die allgemein anerkannt war. Gleichwohl begann in diesen
Jahren allmählich die Entfremdung zwischen Jean-Jacques und seinen Bekannten. Die Gelehrten warfen dem Literaten beispielsweise
vor, die Regeln intellektueller Auseinandersetzung zu verletzen.
Nachdem Rousseau im Dezember 1752 seine Komödie ›Narziß‹
ohne Erfolg an der *Comédie Française* zur Aufführung gebracht
hatte, entschloß er sich dazu, die Publikation des Textes Anfang
1753 als Forum für den Streit um seine Preisschrift zu nutzen. Er
schrieb für das einzige seiner Theaterstücke, das je gespielt wurde,
ein Vorwort, dessen zum Teil gezielt verletzender Tonfall als unfaire
Revanche in einer fast seit Jahresfrist abgeschlossenen Diskussion
gewertet wurde. Auch mit Rousseaus persönlichem Verhalten waren seine Weggefährten nicht immer einverstanden. So führte etwa
die Ablehnung der königlichen Pension zum ersten Streit mit Diderot, der dem Freund Verantwortungslosigkeit Thérèse gegenüber
vorhielt. Insbesondere aber die Auftritte des populären Mannes in
den Salons der Stadt gestalteten sich zunehmend schwierig, und
selbst wenn seine Rede von der Eifersucht der Enzyklopädisten
nicht völlig unplausibel ist, dürfte Rousseau der Großteil der Schuld
an der Entwicklung zuzuweisen sein. Zeitgenössische Dokumente
lassen auf ein Benehmen schließen, das zwischen gezierter Zurückhaltung und einer merkwürdigen, oft nur auf Prinzipien gestützten
Arroganz schwankte. Als Beispiel für dieses Verhalten kann ein
Dialog mit Baron d'Holbach dienen, von dem in den ›Bekenntnissen‹ berichtet wird. Rousseau hätte dem kultivierten, wenig an

---

Der französische Philosoph, Physiker
und Mathematiker **René Descartes**
entwarf ein System, das von der
intuitiven Selbstgewißheit des Menschen ausgeht (»Ich denke, also bin
ich«) und das Sein in zwei Welten
zerfallen läßt, in einen materiell-kör-
perlichen und einen immateriell-gei-
stigen Bereich. Diese Unterscheidung

(»metaphysischer Dualismus«) zieht
die Vorstellung nach sich, der vernünftig denkende Mensch als Subjekt könne das objektive Material der
körperlichen Natur quantitativ vollständig erfassen und mit Hilfe deduktiver Methodik, also mit Ableitung
des Besonderen aus einer allgemeinen Regel, in eine Ordnung bringen.

Die Diskussion um Rousseaus ›Brief über die französische Musik‹
Dutzende von Schriften antworteten der Abwertung einer ganzen Kultur,
doch nur ein Bruchteil dieser Publikationen enthielt mehr als wütende
persönliche Angriffe. Zu den Verfassern, die in der Sache argumentierten,
gehörte auch Rameau, der im Frühjahr 1754 den Essay ›Bemerkungen
über unseren Instinkt für die Musik und über ihr Prinzip‹ veröffentlichte.
In diesem Text, der unmittelbar auf Rousseaus Provokation eingeht, nennt
der Franzose seine Kompositionslehre eine »Wissenschaft«, eine Bezeichnung, die noch bis zu Haydn nicht üblich ist. Bedeutung gewinnt der
Begriff aber, wenn er in einen Zusammenhang mit der sogenannten
musica speculativa gebracht wird. Dieser Bereich der Musik, dessen Vorstellung auf einer antiken Einteilung beruht, erlebte durch Forschungen
im Bereich der Akustik im Barockzeitalter einen Aufschwung. Er versteht
sich als Zahlenwissenschaft auf dem Gebiet der Freien Künste und steht
daher in Beziehung zur Mathematik, der zentralen Disziplin der Renaissance. Vor diesem Hintergrund hatte eine quantitative Auffassung der
Tonkunst lange Einfluß; noch 1712 definierte Leibniz Musik kompromiß-
los als »Zahlenübung des Unbewußten«. In Rameaus Konzept ist dieses
Denken ebenfalls gegenwärtig. Er setzt den »klingenden Körper«, den
corps sonore, als oberstes Prinzip fest. Seiner Ansicht nach bieten die berechenbaren Proportionen, mit denen beim Anschlag einer Saite die Töne
der Obertonreihe zusammenspielen, den von der Natur gegebenen und
damit sicheren Ausgangspunkt. Hier wird in der »Natur« ein mathema-
tisch zu erfassender Gegenstand gesehen, der dem denkenden Geist, der
den Menschen ausmacht, wie ein Objekt gegenübersteht. Rameau ist
insoweit ganz Anhänger Descartes', dessen Weltbild den frühen Barock
beherrscht. Auch die Methode zur Konstruktion der Kompositionslehre
folgt der cartesischen Vorgabe: Aus dem Phänomen des *corps sonore* werden die genaueren Regeln der Tonkunst deduziert. Mit diesem Vorgehen
findet Rameau das Element der Harmonie, das unmittelbar aus dem Charakter eines jeden Klangs als einer zusammengesetzten Einheit folgt. Nur
damit kann die Aufgabe erfüllt werden, die menschlichen Gefühle darzustellen, denn der mechanisch-mathematischen Sortierung der Leidenschaften in den sogenannten Affektenlehren, die die Bewegungen der
Seele vollständig erfassen und rational nach-
vollziehbar ordnen wollen, entsprechen
allein die berechenbaren harmonischen
Verhältnisse. Die Melodie hingegen ist
für Rameau nicht in diesem Sinne
»natürlich«, sondern lediglich Derivat
der akustischen Zusammenhänge. Er
erläutert: »Die Melodie wird aus der
Harmonie geboren und hat in der
Musik eine untergeordnete Rolle: sie
dient der allzuleichten, nichtssagen-
den Zerstreuung.«

24 René Descartes (Renatus Cartesius),
1596–1650

Rousseau mißfällt an dieser Argumentation in erster Linie, daß Rameau indirekt die Naturhaftigkeit des Menschen selbst und damit ein zentrales Prinzip der spätbarocken Philosophie leugnet. Tatsächlich attackiert die Aufklärung gerade die cartesische Trennung von *homme* und *nature* und besetzt auf diese Weise den Terminus des »Natürlichen« neu. Sie versteht den Begriff nicht mehr als eine rechnerisch beschreibbare Größe, über die das vernünftig denkende Subjekt verfügen kann, sondern sieht in ihm selbst die Basis der menschlichen Existenz, deren nackte Vitalität sich einer strengen mechanisch-mathematischen Erfassung entzieht. Aus Rousseaus Perspektive kann von einer naturhaften Musik daher nur gesprochen werden, wenn die Ursprünglichkeit des einzelnen, repräsentiert durch seine spontane Empfindung, berührt ist. Diesem Phänomen in seiner Komplexität aber sind die hochgradig stilisierten Darstellungen der Affektenlehren unangemessen. Die unendliche Menge subtiler Gefühle kann nicht physikalisch erklärt und mit den Regeln der Harmonik kopiert, sie muß vielmehr erst in der grenzenlosen Variationsbreite der Melodie entfaltet werden. Allein mit Hilfe dieses Elements gelangt die Musik in das Innerste des Menschen und damit zum Sitz der Natur. Der Zusammenhang wird im Artikel »Melodie« des 1767 erschienenen ›Wörterbuchs der Musik‹ *(WdM)* von Rousseau noch einmal hervorgehoben: »Wenn Musik nur mit Hilfe der Melodie etwas darzustellen vermag und nur aus ihr alle Kraft bezieht, so folgt daraus, daß alle Musik ohne Melodie, mag sie harmonisch noch so reich sein, keine nachahmende Musik ist und (…) unser Herz stets kaltläßt.«

Modeerscheinungen interessierten Mann vielleicht seine etwas freudlose Art oder den Hang zu einer extremen Metaphysik verübeln können, doch er wählte einen anderen Gegenstand. Als der Baron ihm die Frage stellte, worin die Ursache für seine Zurückhaltung liege, erhielt er lediglich die knappe Antwort: »Sie sind zu reich.« *(B)*

Die Irritation im Verhältnis zu seinen Bekannten war nur einer von vielen Faktoren, die Jean-Jacques das Leben in Paris zunehmend verleideten und den Wunsch nach einem Umzug auf das Land entstehen ließen. Neben den heftigen öffentlichen Schmähungen machte ihm vor allem die andauernde Beeinträchtigung der häuslichen Ruhe zu schaffen. In seiner Wohnung gingen die Besucher oft

Es war der Keim der geheimen Eifersucht, die erst lange danach ausbrach. Seit seinem Erfolg bemerkte ich weder bei Grimm noch Diderot, noch bei irgendeinem Schriftsteller meiner Bekanntschaft mehr jene Herzlichkeit, Offenheit, Freude, mich zu sehen, die ich in ihnen so lange zu finden geglaubt hatte. Sobald ich bei dem Baron [Holbach] erschien, hörte das Gespräch auf, allgemein zu sein. Man vereinigte sich in kleinen Gruppen, man flüsterte sich ins Ohr, und ich blieb allein.

Rousseau über sein Singspiel und die Folgen (B)

ohne Pause ein und aus, so daß das Kopieren von Noten oder gar gedankliche Arbeit kaum möglich war. Erschwerend hinzu trat die Unwilligkeit Thérèses und ihrer Familie, sich das spartanische Ideal Rousseaus zu eigen zu machen. Der Hausherr mußte beispielsweise erleben, wie seine Freundin und ihre Mutter versuchten, angebotener Geschenke habhaft zu werden, bevor er selbst sie ablehnen konnte. Offenbar war der naive Philosoph nicht in der Lage, ein derartiges Verhalten abzustellen. In den ›Bekenntnissen‹ heißt es dazu: »Ich verstand zu schreien und wußte nicht zu handeln; man ließ mich reden und tat, was man wollte.«

Rousseau fiel es nicht schwer, das Interesse an einer ländlichen Existenz mit seiner Denkweise zu vereinbaren. Zwar sieht das klassische französische Drama Molières das Land als einen Ort der Einfalt, und in der Welt der Enzyklopädisten ist es sogar die Heimat der *crétins*, die für fehlenden Reformwillen und grenzenlose Unwissenheit stehen. Jean-Jacques aber hatte in der frühen Lektüre von Vergil, Petrarca und Horaz die Abneigung gegen die Zwänge und die Unruhe der Stadt gefunden, die Zeiten in der Idylle von Bossey und im Tal von Les Charmettes genossen und die Schattenseiten von Paris kennengelernt. Schon der ›Erste Diskurs‹ läßt sich als Lob der dörflichen Struktur lesen. Dort sind die »ländlichen Einöden« die Reservate einer bürgerlichen Tugend, die in den Metropolen bereits verloren ist. Zwei Jahre später verwendet dann ›Der Dorfwahrsager‹ den Gegensatz von Stadt und Land als ein konstitutives Element der Handlung, die für Rousseau Kritik an der Oberflächlichkeit in den Zentren der Zivilisation zum Ausdruck bringt. Der Schäferin Colette legt er am Ende des Stücks die Frage in den Mund: »In der Stadt macht man viel mehr Getöse, aber sind sie auch froh in ihrer Ausgelassenheit?«

Eine Weile suchte Rousseau Erholung in der Umgebung von Paris. Mehrfache Aufenthalte in Montmorency, Marcoussis oder Passy brachten Erleichterung, konnten aber auf Dauer nicht befrie-

---

(…) man erkannte in seiner ängstlichen Zurückhaltung den Argwohn; sein Blick beobachtete im geheimen alles mit mißtrauischer Aufmerksamkeit. Rousseau teilte sich kaum mit und vertraute sich niemals an. (…) Da man seine unruhige, empfindliche, leicht verwundbare Eigenliebe kannte, wurde er mit Schonung, derselben Aufmerksamkeit und dem gleichen Zartgefühl behandelt, das man einer hübschen, sehr launenhaften und eitlen Frau entgegengebracht hätte, der man gefallen wollte.
Jean-François Marmontel, ›Erinnerungen an Philosophen und Aktricen‹, 1804

digen. Im Frühjahr 1754 mußte Jean-Jacques sich schließlich eingestehen, daß der Gedanke an Genf ihn nicht mehr losließ. Auch
wenn er zu dieser Zeit wohl noch nicht ernsthaft daran dachte, seinen Lebensmittelpunkt wieder in die Stadt am See zu verlegen, so
war die kleine Republik in den vergangenen Monaten doch jedenfalls in seiner Achtung noch einmal gestiegen. Verantwortlich
dafür zeichnete indirekt die Preisfrage der Akademie von Dijon
vom November des vergangenen Jahres. Diesmal lautete die Aufgabe: »Welches ist der Ursprung der Ungleichheit unter den Menschen, und ob sie durch das natürliche Gesetz autorisiert wird.«
Rousseau hatte in einer Bearbeitung dieses Gegenstandes die Möglichkeit zur Vertiefung seiner Kulturkritik gesehen und sich noch
im selben Monat für eine Woche nach Saint-Germain zurückgezo-
gen, um auf langen Spaziergängen im Wald über die Problematik
nachzudenken. Offenbar reflektierte der gebürtige Genfer auf diesen Exkursionen auch über Fragen der Politik und machte dabei
eine unerwartete Entdeckung: Nach eigenem Bericht sah er sich
»von den Übereinstimmungen überrascht, die ich zwischen der
Staatsverfassung, welche sich von meinen Grundprinzipien ableitet, und derjenigen feststellte, die in unserer Republik tatsächlich
existiert« (›Brief an Jean Perdriau, 28. November 1754‹).

Die Begeisterung für das republikanische Prinzip brachte schließlich die Überlegung hervor, das fertige Werk der Heimat zu widmen. Das Forum einer *dédicace* schien Rousseau, der mindestens

seit seinem Besuch 1737 ohne
Illusion über die Zustände in
Genf war, bestens geeignet, um
seine Verehrung für die theoretische Organisation des Stadtstaates mit einer subtilen Kritik
der politischen Realität zu kom-
binieren. Allerdings verlangten

25 Rousseau mit 42 Jahren. Stich
von Salvador Campora

die Gepflogenheiten, für die geplante Widmung die Zustimmung der eigentlichen Genfer Regierung, des sogenannten Kleinen Rates *(Petit Conseil)*, einzuholen. Jean-Jacques zeigte sich daher hocherfreut, als sein Landsmann Gaffecourt anbot, Thérèse und ihn auf eine Reise in die Heimat mitzunehmen. Die Druckfassung des bereits vollendeten und in Dijon eingereichten Manuskripts wurde Pissot übergeben, und am 1. Juni des Jahres brach man gemeinsam in einer Kutsche Richtung Genf auf.

Es ist nicht endgültig aufzuklären, ob schon bei der Formulierung der Abhandlung der Wunsch entstand, die Rechte eines Bürgers der Republik anzunehmen; in jedem Fall aber war die große Bedeutung, die der Religion in Genf zukam, für Rousseau kein Hinderungsgrund. Tatsächlich fühlte er sich in seinen spirituellen Bedürfnissen im Umfeld der Aufklärung nicht mehr ernst genommen, denn dort setzte sich zunehmend die Auffassung durch, jede antiklerikale Haltung nur als Vorstufe eines materialistisch begründeten Atheismus zu begreifen. Rousseau aber wollte bei allen Vorbehalten gegen die Amtskirche mindestens die Option des sogenannten Deismus, der in den ersten Jahren im Zirkel der Philosophen recht populär war, nicht aufgeben. Er erklärt: »Der Umgang mit den Enzyklopädisten hatte, weit entfernt davon, meinen Glauben zu erschüttern, ihn vielmehr durch meine natürliche Abneigung gegen Streit und Parteien gestärkt.« *(B)*

In Lyon trennten sich die Reisenden, da Jean-Jacques und Thérèse zunächst noch Madame de Warens in Chambéry aufsuchen wollten. Am 12. Juni trafen sie dort ein, und der Philosoph erschrak über die Verzweiflung und den verlorenen Stolz seiner ehemaligen Gönnerin. »Mama« hatte inzwischen ihre Aufnahme in das Armenverzeichnis beantragen müssen; teilweise erschütternde Bittbriefe an die Autoritäten des Landes sind erhalten. Rousseaus Möglichkeiten, ihr zu helfen, waren sehr begrenzt. Im Februar 1753 hatte er eine größere Geldsumme geschickt, und auch jetzt bemühte sich

---

Die Lehre des **Deismus** stammt aus England, ihre Grundlegung liefert das Werk ›Christentum ohne Geheimnis‹, 1696, von John Toland. In der Vorstellung des Deismus überläßt Gott die Welt nach der Schöpfung vollständig sich selbst. Seine Existenz wird nur in der Natur und der natürlichen mensch-lichen Moral erkennbar, nicht jedoch durch Offenbarung und auch unabhängig von bestimmten Institutionen wie den Kirchen. Nach Frankreich gelangte der Deismus über Voltaire.

der »Kleine«, die materielle Not der adligen Dame etwas zu lindern. Eine dauerhafte finanzielle Unterstützung jedoch mußte ausscheiden, und auch den Vorschlag, in Zukunft ein Leben zu dritt zu führen, lehnte Frau von Warens ab. Noch im Urteil mehr als eine Dekade nach dem Treffen spürt man Rousseaus Entsetzen über den Zustand seiner Freundin: »Mein Gott! Welcher Niedergang! Was war ihr von ihrer früheren Tugend geblieben!« *(B)*

Rousseau war niedergeschlagen, als er Ende des Monats die alte Heimat erreichte, doch seine Laune besserte sich rasch. Im Gefühl neuer Prosperität und Souveränität waren die Repräsentanten und Bürger der Republik nur zu bereit, ihren berühmten Sohn mit größter Herzlichkeit zu begrüßen. Trotz der freundlichen Aufnahme zog Rousseau es vor, nicht bei seinen Verwandten in Genf selbst, sondern in Eaux-Vives, einem kleinen Ort vor den Toren der Stadt, Quartier zu nehmen. Dort bereitete er sich mit Hilfe eines Geistlichen auf die Rückkehr in die protestantische Kirche vor. Bereits am 1. August fand die dazu nötige Anhörung statt, die ohne große Probleme verlief, obwohl der aufgeregte Konvertit dabei angeblich »die Rolle des dümmsten Schülers spielte« *(B)*; sicher profitierte er nicht nur von der inzwischen etwas liberaleren Interpretation der calvinistischen Prinzipien, sondern auch von seiner Popularität. Anstelle der öffentlichen Prüfung vor dem Konsistorium etwa war lediglich einem eigens gebildeten Ausschuß Rede und Antwort zu stehen, auf Fragen nach der Beziehung zu Thérèse, die allgemein als Jean-Jacques' Krankenschwester galt, wurde diskret verzichtet. Der religiösen Examination folgten bald die Zulassung zum Abendmahl, die Aufnahme in das Bürgerverzeichnis der Republik und schließlich die öffentliche Vereidigung vor dem Allgemeinen Rat. Mehr als ein Vierteljahrhundert nach seiner überstürzten Flucht aus der Stadt war Rousseau nun endlich offiziell heimgekehrt.

Die folgenden Wochen mögen dem so lange rastlosen Mann wie ein Traum erschienen sein. Zusammen mit Thérèse, die in Paris in

---

Genf erlebte zu dieser Zeit eine Periode innenpolitischer Stabilität, die auf der Vermittlung Frankreichs, Zürichs und Berns bei den Unruhen von 1737 beruhte. Das anschließende *réglement* dieser Mächte änderte zwar substantiell nichts an der Patriziatsherrschaft, bestätigte aber formal das Gesetzgebungsrecht des Allgemeinen Rates (*Conseil Général*), der die Bürgerschaft der Republik repräsentierte. Diese Vereinbarung beschwichtigte die Parteien und ermöglichte eine Konzentration auf den wirtschaftlichen Aufstieg. Gefördert wurde der Optimismus in Genf durch den Friedensvertrag mit Savoyen vom 3. Juni 1754.

aller Regel an seinem öffentlichen Leben keinen Anteil hatte, genoß er die Hochachtung und das Interesse der Menschen in seiner Heimat. Dabei holten ihn oft die Erinnerungen an seine Kindheit wieder ein. Ende Juli etwa unternahm er eine Fahrt nach Nyon, um seine geliebte Tante Suzanne zu treffen, die dort verheiratet war. Auch Kontakte zur Bevölkerung des Handwerksviertels von Saint-Gervais ließen die Vergangenheit wiedererstehen; Rousseau machte beispielsweise die Bekanntschaft von Jacques-François Deluc, Uhrmacher und Führer der Opposition gegen das Patriziat. Gleichwohl gehörte, entgegen einer verklärten Sicht während der Französischen Revolution, die überwiegende Zahl seiner Gesprächspartner der bürgerlich-intellektuellen Elite an. So lernte Rousseau unter anderem den Pfarrer Paul-Claude Moultou, seinen späteren Vermächtnisverwalter, und den führenden Theologen der Republik, Professor Jacob Vernet, kennen und schätzen. Gerührt von einem allgemeinen Wohlwollen, das ihm in den letzten Monaten in Paris ganz versagt geblieben war, zog der erfolgreiche Gelehrte nun den Umzug an seinen Geburtsort ernsthaft in Erwägung. In einem Brief an Duclos vom 1. September hält er zwar fest, daß noch keine Entscheidung gefallen sei, betont aber: »Ich verspüre ein großes Verlangen, im nächsten Frühling hierher zu kommen und mich anzusiedeln.«

Fast wie ein Zeichen, den Umbruch jetzt zu wagen, wirkte es in dieser Situation, daß Madame de Warens ihren langjährigen Wohnsitz in Chambéry aufgeben mußte. Am selben Tag, an dem Jean-Jacques die zitierten Zeilen an seinen Pariser Bekannten verfaßte, standen die letzten Güter »Mamas« zur Versteigerung an. Schon im August hatte sie sich auf den Weg nach Jussy in der Nähe von Thonon gemacht, wo ihr eine Zuflucht auf dem Gut des Marquis de Coudrée zur Verfügung gestellt worden war. In Grange-Canal, unweit von Genf, fand die letzte Begegnung zwischen Frau von Warens und ihrem »Kleinen« statt. Rousseau berichtet, daß es seiner ehemaligen Gönnerin sogar an Mitteln fehlte, ihre Reise fortzusetzen.

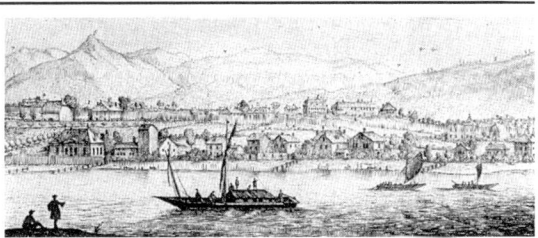

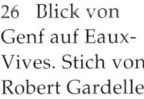

26 Blick von Genf auf Eaux-Vives. Stich von Robert Gardelle

Hier konnte er Abhilfe schaffen, doch dann trennten sich die Wege der früheren Liebenden. Die ›Bekenntnisse‹ machen keinen Hehl aus dem schlechten Gefühl, mit dem ihr Autor die adlige Dame und damit auch einen wichtigen Teil seines Daseins gehen ließ: »Ich seufzte über sie und folgte ihr nicht. Von allen Gewissensbissen, die ich in meinem Leben gefühlt habe, ist das der stärkste und dauerndste.«

Während seines viermonatigen Aufenthalts in Genf widmete sich Jean-Jacques verschiedenen Vorhaben, die nicht ohne Auswirkung auf seine späteren Arbeiten blieben. Er forschte für eine Geschichte des Wallis, entwarf eine Prosatragödie über das Schicksal Lucretias und arbeitete an einem Projekt zur Politik, das ihm später als Grundlage für die Abhandlung ›Vom Gesellschaftsvertrag‹ diente. Aber auch Aktivitäten, deren schöpferische Relevanz nicht geplant war, erwiesen sich als Quelle der Inspiration. Rousseau entdeckte seine Begeisterung für den Genfer See und dessen Umgebung auf Spaziergängen und einer Bootsfahrt, auf der ihn Thérèse und einige Bekannte begleiteten. Im Laufe einer Woche besuchte man Meillerie, Villeneuve, Vevey, Cully, Lausanne, Morges und andere Orte, und als die Reisegesellschaft am 29. September wieder heimatliches Terrain betrat, hatte Jean-Jacques eine Fülle wunderbarer Eindrücke von der Natur und den Menschen der Region gesammelt, die er einige Zeit darauf den Lesern des Romans ›Julie oder Die neue Héloïse‹ vorstellen sollte. Am 10. Oktober reiste Rousseau in Richtung Paris ab, noch ohne definitiven Bescheid über die Annahme der Widmung zwar, aber heiter gestimmt und in der Absicht, nur noch das Notwendige zu regeln und dann – in seinen eigenen Worten – »mit Thérèse zurückzukehren und mich für den Rest meiner Tage in Genf niederzulassen« *(B)*.

Arme Mama! Ich möchte hier noch diesen Zug ihres Herzens anführen. Als letztes Kleinod war ihr nur ein kleiner Ring geblieben. Sie nahm ihn von ihrem Finger, um ihn an den Thérèsens zu stecken, die ihn ihr sofort wiedergab, indem sie die edle Hand küßte und mit ihren Tränen benetzte. Ach, damals war der Augenblick, mich meiner Schuld zu entledigen! Ich hätte alles verlassen müssen, um ihr zu folgen, mich an sie ketten bis zu ihrer letzten Stunde und ihr Los teilen, welches es auch sein mochte.
Rousseau über die letzte Begegnung mit Madame de Warens (B)

Freunde und Feinde

Tatsächlich aber sollte Rousseau niemals nach Genf übersiedeln, obwohl er bis Ende 1757 in verschiedenen Briefen immer wieder von diesem Vorhaben sprach. Offenbar verschaffte ihm die Rückkehr nach Paris ausreichend innere Distanz, um seine Situation nüchtern zu betrachten. Er machte sich bewußt, daß er nur in der französischen Metropole wirklich vom Notenkopieren leben, auf Dauer engen Kontakt zu den Freunden halten und ohne öffentliche Mißbilligung die freie Beziehung zu Thérèse pflegen konnte. Auch die Nachricht, der *Petit Conseil* sei von der geplanten Widmung nicht unbedingt begeistert, trug wohl zu der Entscheidung bei, von den Umzugsplänen vorerst Abstand zu nehmen. Dennoch ließ sich die Reise in die Heimat als Erfolg verbuchen, denn Rousseau hatte dort den Verleger Marc-Michel Rey kennengelernt. Der Genfer Bürger publizierte die Werke seiner Autoren in Amsterdam, wo eine liberale Politik in hohem Maße Pressefreiheit gewährte, und übernahm nun auch die Betreuung von Jean-Jacques' Versuch, das Phänomen der Ungleichheit zu erklären. Es ist offen, unter welchen Bedingungen Pissot das Manuskript des Werks wieder herausgab, doch jedenfalls war Rey schon im Oktober 1754 in dessen Besitz. Nach einigen Verzögerungen erschien die Schrift unter dem Titel ›Abhandlung über den Ursprung und die Grundlagen der Ungleichheit unter den Menschen‹ (AüU) im April des folgenden Jahres in Amsterdam und wurde vier Monate später mit der Genehmigung von Malesherbes auch in Paris verkauft. Der ebenso faszinierende wie komplexe Text

27 Titelbild der ›Abhandlung über die Ungleichheit‹, Amsterdamer Erstausgabe 1755

stellt den Schlüssel zur gedanklichen Systematik Rousseaus dar und gilt heute zu Recht als sein »philosophischstes Werk« (Leo Strauss).

Obwohl die Abhandlung ihre Kritik an der Denkweise des Jahrhunderts wesentlich präziser formuliert als Rousseaus Preisschrift fünf Jahre zuvor, erregte sie doch deutlich geringeres Aufsehen. Dieser Befund hatte wohl einen Grund in der wenig zugänglichen formalen Konzeption des Werks; die Akademie von Dijon etwa sortierte den Text sogleich wegen Überlänge aus. Auch der unklare methodologische Status der Schrift ersparte ihrem Autor einige Probleme, denn bei flüchtiger Lektüre mußten die Ausführungen zu Ungerechtigkeit im staatlichen Verband und den Bedingungen des Naturzustands wie unverbindliche Hypothesen wirken. Staat und Kirche überließen daher die Diskussion des Werks weitgehend den philosophischen Zirkeln. Nicht nur in England oder Deutschland, wo sich etwa Mendelssohn und Lessing der Abhandlung annahmen, sondern auch im französischen Sprachraum fand vor allem die Neukonzeption der menschlichen Natur und ihrer Beziehung zur Geschichte die meiste Beachtung. Dabei blieb der Ton der Auseinandersetzung trotz der kühnen Formulierungen Rousseaus, der etwa das vernünftige Individuum als »depraviertes Tier« (AüU) bezeichnet, insgesamt recht freundlich; auch die Reaktionen in Genf konnten als vorsichtig wohlwollend bezeichnet werden. Dennoch hatte Rousseau mit seinen radikalen Aussagen gleichsam ein langsam wirkendes Gift gestreut, das auch im Kreis der Freunde mit der Zeit seine Wirkung tat. Diderot, der angeblich Gefallen an der Schrift fand, schwieg zwar, doch schon Grimms Besprechung der Abhandlung gibt einen ersten Hinweis auf die Vorbehalte der Enzyklopädisten. So heißt es nach vielen lobenden Worten über Rousseau: »Seine Art die Dinge zu sehen, ist großartig, feinsinnig, durchaus neu und philosophisch, seine Logik aber nicht immer überzeugend, und die Schlußfolgerungen und Überle-

---

»Zurück zur Natur«: Diese Formulierung wird Rousseau zugeschrieben, doch sie ist in seinen Werken oder Briefen nirgends nachweisbar – mit gutem Grund, denn eine Rückkehr zu den Anfängen hielt er für unmöglich. Durch eine Verknüpfung von Zufällen in die Geschichte entlassen, ist der Mensch für immer in den Abläufen des Historischen befangen und kann sein Schicksal nur mit genauer Kenntnis der evolutionären Zusammenhänge beeinflussen. Im Lichte dieser Auffassung erscheint Rousseau als früher Protagonist echten Geschichtsbewußtseins und damit wohl sogar als »the first to discover ›history‹« (Arthur M. Melzer).

Die ›Abhandlung über den Ursprung und die Grundlagen der Ungleichheit unter den Menschen‹

Der Hauptteil der Abhandlung, die als ›Zweiter Diskurs‹ bezeichnet wird, zerfällt in zwei Abschnitte. Zunächst entwirft der Text eine Art historischen Ausgangspunkt, den sogenannten »Naturzustand«. Dieser Begriff dient der Philosophie der Neuzeit dazu, das Wesen des Menschen zu beschreiben und aus ihm die Legitimität einer staatlichen Ordnung abzuleiten. Rousseau schildert nun eine Szenerie, in der der Mensch inmitten einer animalischen Population lebt und dabei auch ohne Vernunft, Eigentum oder die Gesellschaft eines anderen auskommt; echte Unterschiede zu den (anderen) Tieren existieren nicht. Der Aufbruch in die Geschichte, die der zweite Abschnitt des Werks schildert, gelingt daher nur mit der Hilfe von Faktoren, die dem menschlichen Einfluß entzogen sind. Wechsel des Klimas, Naturkatastrophen oder Konkurrenzkämpfe bringen neue Anforderungen hervor, die zuerst die Fähigkeit zur Vervollkommnung *(perfectibilité)* und als deren Resultat wiederum das jeweils benötigte Vermögen entstehen lassen. Auf diese Weise lernen die Menschen den Umgang mit Sprache, Feuer oder Werkzeug und schließen sich zu losen Assoziationen, dann zu Familien und endlich zu größeren Hirtenstämmen zusammen. Das Stadium dieser Verbindungen, die von weisen Patriarchen geführt werden und die Grundlage der späteren Nationen bilden, gilt Rousseau als »Goldenes Zeitalter«, in dem das Subjekt seine Bedürfnisse noch selbständig befriedigt und zugleich Gefühle von Liebe und Freundschaft genießt. Mit dem anschließenden Eintritt in die arbeitsteilige Ackerbaugesellschaft beginnt die eigentliche Zivilisation, die die gegenseitige Abhängigkeit der Menschen etabliert. Nun kommt die natürliche (körperliche) Ungleichheit der Individuen zur Geltung und zerstört die Balance zwischen Bauer und Pflugschmied, indem sie dem Klügeren oder Stärkeren zu einer effektiveren Arbeitsweise und damit zu höheren Einnahmen und größerer Macht verhilft. Der immer weiter fortschreitende Prozeß der Spaltung zwischen Armut und Reichtum, in dem der Erwerb von Boden und seine Deklaration als »Eigentum« eine zentrale Rolle spielen, nötigt die Besitzlosen, sich der Herrschaft der Begüterten zu unterwerfen oder ihre Ansprüche gewaltsam zu verfolgen. Auf diese Weise entbrennt ein verheerender Krieg, dem nur noch durch die Schaffung einer rechtlich geordneten Gesellschaft zu entrinnen ist. Die Initiative zur Staatsgründung geht dabei von der Person des »klugen Reichen« aus, der seine Position in Gefahr sieht und deshalb vorschlägt, zur Beendigung des Konflikts verbindliche Vorschriften zu erlassen. Da die einfachen Menschen nicht erkennen, daß die allgemeine Geltung der Gesetze nur die schon bestehende Ungleichheit festschreibt, stimmen sie dem entsprechenden Vertrag zu. Als sich jedoch zeigt, daß die Einhaltung der Regeln überwacht werden muß, wird in einer zweiten Vereinbarung die Befugnis zur Durchsetzung des Rechts auf eine Regierung übertragen. Das Gesetz, über dessen Inhalt und Befolgung allein die Besitzenden entscheiden, dient von diesem Zeitpunkt an als reines Instrument der Repression. Rousseau schließt seine Überlegungen mit einer Betrachtung der Zukunft ab und sagt angesichts der stetig eskalierenden Konflikte eine formale Rückkehr zum Anfang der Geschichte voraus: »Hier läuft

gungen, die er aus seinen Gedanken ableitet, gehen oft zu weit«
(›Correspondance littéraire‹, 15. Juli 1755).

Etwa ein Jahr nach seiner Rückkehr aus Genf fand Jean-Jacques
das lang gesuchte ländliche Domizil. Madame d'Épinay, die sich
seit geraumer Zeit mit Umbaumaßnahmen am Schloß von La
Chevrette beschäftigte, hatte Rousseau auf einer Besichtigung des
Anwesens im Frühjahr 1754 ein kleines, halbverfallenes Gebäude
am äußeren Rand der Besitzung gezeigt und damit sein Interesse
geweckt. In aller Stille ließ die adlige Dame die ehemalige Jagd-
hütte instand setzen, und im Herbst des folgenden Jahres lud sie den
stadtmüden Literaten ein, dort auf Dauer Aufenthalt zu nehmen.
Die ›Bekenntnisse‹ zitieren Madame d'Épinays Offerte mit den
Worten: »›Da ist Ihr Zufluchtsort, mein lieber Bär. Sie haben ihn
gewählt, die Freundschaft bietet ihn Ihnen an.‹«

Jean-Jacques war gerührt, zögerte jedoch mit der Entscheidung.
Thérèse und ihre Mutter teilten seine Begeisterung für den Umzug

alles auf das alleinige Gesetz des Stärkeren hinaus und folglich auf einen
neuen Naturzustand, der sich von jenem, mit dem wir begonnen haben,
darin unterscheidet, daß der eine der Naturzustand in seiner Reinheit
war, und dieser letzte die Frucht eines Exzesses an Korruption ist.«

Konnte der ›Erste Diskurs‹ noch als konsensfähige Symptomkritik
gelesen werden, so hatte Rousseau jetzt seine Karten aufgedeckt. Deutlich zum Ausdruck kommt in erster Linie der Bruch mit der Fortschritts-
theorie der Aufklärung, die Natur und Geschichte als Einheit begreift
und auf dieser Basis durch Reformen eine lebenswerte und gerechte
Gesellschaft herstellen will. Rousseaus Text nun entkoppelt die genannten Kategorien, indem er die Entstehung der Perfektibilität unter den
Vorbehalt des Zufalls stellt. Die eigentliche *nature de l'homme* offenbart
sich dann nur noch in einem prähistorischen Dasein, während das
Geschichtliche zum Ort des Künstlichen wird. Heute muß »Natur« folglich als bloße Chiffre für gerade aktuelle typische Merkmale des Subjekts
und damit als relativer Begriff gelten. Rousseau erklärt: »Man darf nicht
verwechseln, was im Naturzustand natürlich ist und was im Gesell-
schaftszustand natürlich ist.« *(Émile)* Diese Auffassung macht die Geschichte zu einem Forum, das dem Menschen prinzipiell jede denkbare
Seinsweise (»Natur«) zugesteht. Bei der Betrachtung der historischen
Entwicklung fällt allerdings auf, daß die aufklärerische Verbindung von
Zivilisierung und Fortschritt gelöst ist: Das Individuum wird zwar
immer fähiger und kenntnisreicher, aber dadurch nicht sittlich besser
oder glücklicher. Rousseau macht dafür ein Element verantwortlich, dem
in der Geistesgeschichte bis dahin insoweit keine Aufmerksamkeit
geschenkt worden war: die arbeitsteilige Gesellschaft. Das tierhafte
Wesen des *status naturalis* wird von der Selbstliebe *(amour de soi)* und
dem Mitleid *(pitié)* bewegt, doch es folgt diesen Regungen instinktiv und

Der ›Zweite Diskurs‹ gilt auch als ein Gründungsdokument der Ethnologie:
(...) es fällt mir schwer zu begreifen, wie es zugeht, daß sich in einem
Jahrhundert, in dem man in glänzende Kenntnisse seinen Stolz setzt,
nicht zwei eng verbundene Menschen finden (...), von denen der eine
zwanzigtausend Taler seines Vermögens und der andere zehn Jahre seines Lebens für eine gefeierte Reise um die Welt opferte, um dabei nicht
immerfort Steine und Pflanzen, sondern einmal die Menschen und die
Sitten zu studieren (...).   *(AüU)*

nicht; zudem hielt ihn der Gedanke an Grimm zurück. Der Deutsche hatte im Sommer des Jahres die Nachfolge von Francueil als
Liebhaber von Madame d'Épinay angetreten, und Rousseau mißfiel
die Vorstellung, ihn ständig in der Nähe zu wissen. Möglicherweise fühlte er eine gewisse Eifersucht, doch der eigentliche Grund
für seine Skepsis lag wohl in der persönlichen Entwicklung
Grimms. Mag auch Rousseau die Kritik an seiner Abhandlung
noch nicht als Verstoß gegen die Gebote der Freundschaft interpre-

entscheidet sich nicht bewußt für das Gute; gleichwohl ist der erste
Mensch faktisch nicht böse, denn er ist völlig selbständig und hat deshalb
kein Interesse daran, jemandem zu schaden. In einer Gesellschaft jedoch,
in der die einzelnen in gegenseitiger Abhängigkeit leben, betrachtet das
Individuum den anderen stets als Feind. Erster Grund dafür ist die Ver-
wandlung der Selbstliebe in die Eigenliebe *(amour propre)*, ein relatives
Gefühl, in dem der einzelne sich nur noch über den Vergleich mit der
Leistung und dem Status seiner Mitmenschen definiert. Auf diese Weise
wird der Nächste zum Konkurrenten im Kampf um den Aufstieg an die
Spitze der Gesellschaft. Neben das Gefühl der Rivalität aber tritt zusätzlich die Furcht vor dem anderen, denn im Stande wechselseitiger Depen-
denz liegt das eigene Schicksal stets in fremder Hand. Diesen Zusam-
menhängen entspringt der stete Wunsch zu schaden, mithin die
menschliche Bosheit. Parallel dazu verliert sich auch das Glück des Indi-
viduums, das Rousseau im wesentlichen mit der Einheit der Seele identi-
fiziert. Ruht der *homme naturel* noch selbstzufrieden in sich, so ist der
Mensch im sozialen Kontext innerlich zerrissen zwischen der erträumten
Position und seinen realen Machtmitteln. Bisweilen entkommt er dieser
Situation, doch die Beschäftigung, mit der die seelische Anspannung
kompensiert wird, ist seiner Gemütsruhe kaum günstiger: Da die gesellschaftlichen Aufgaben unterschiedlich verteilt sind, muß der einzelne
sich unaufhörlich darum bemühen, die anderen für sein Schicksal zu
interessieren. In der Folge gerät er – gleichgültig, ob arm oder reich – in
eine Form destruktiver psychischer Knechtschaft, denn sein Dasein geht
ganz in Kontrolle oder Schmeichelei auf. Das also ist der Gedankengang,
der sich hinter dem Grundsatz verbirgt, »daß die Natur den Menschen
glücklich und gut gemacht hat, daß aber die Gesellschaft ihn verdirbt
und ins Elend bringt« *(Gespräche)*.

tiert haben, so fühlte er sich jedenfalls durch den neuen Lebensstil des Enzyklopädisten provoziert. Grimm hatte zu dieser Zeit gerade begonnen, den Habitus eines Gigolos zu pflegen, und benutzte dabei zum Entsetzen des asketisch gestimmten Genfers sogar Hilfsmittel wie Puder oder Parfüm. Gleichwohl nahm Rousseau das Angebot von Madame d'Épinay schließlich an, denn die Aussicht auf einen Frühling nahe den Wäldern von Montmorency war zu verlockend. Thérèses Mutter gab den offenen Widerstand auf, nachdem man ihren gebrechlichen Ehemann in einem Heim untergebracht hatte, und so wurden die nötigen Vorkehrungen für die Verlegung des kleinen Haushalts getroffen.

Die neue Unterkunft trug den treffenden Namen »Eremitage«, denn sie war fast zwei Kilometer von den nächsten Nachbarn entfernt und vom Winter bis zum Frühjahr in Ermangelung einer befestigten Straße nur unter Schwierigkeiten zu erreichen. Auch in die-

sem Zeitraum aber mußten die Bewohner nicht auf Bequemlichkeit verzichten. Ein Keller erlaubte die Haltung von Vorräten, und von der Feuerstelle im Wohnzimmer aus ließ sich das ganze Haus durch ein System von Röhren heizen. Fünf Räume und eine Küche boten genug Platz für Jean-Jacques und die beiden Frauen, eine kleine Quelle und ein Nutzgarten dienten den täglichen Bedürfnissen. Das Gebäude selbst, ein stabiler Bau mit repräsentativem Eingangsbereich und zahlreichen Fenstern, lag unweit des Waldrandes. Da Madame d'Épinay keine Miete verlangen wollte, übernahm der Philosoph die Beaufsichtigung und Pflege der Obstgewächse, die neben einem Ziergarten und einigen Feldern die nähere Umgebung des Anwesens prägten. Offenbar entsprach das gesamte Arrange-

28 Die Eremitage von Montmorency. Stich von Gautier

Am 9. April 1756 verließ ich die Stadt, um nie mehr in ihr zu wohnen (…).
Rousseau über seinen Umzug in die »Eremitage« (B)

ment so sehr den Vorstellungen Rousseaus, daß er beim Einzug das Gefühl hatte, nun doch einer dauerhaften inneren Zufriedenheit habhaft zu werden. Am Morgen nach der ersten Nacht im neuen Heim weckte ihn angeblich der Gesang eines Vogels, machte ihm das Glück seiner Lage bewußt und ließ ihn ausrufen: »›Endlich sind alle meine Wünsche erfüllt.‹« (B)

Es zeigte sich allerdings bald, daß diese Einschätzung nicht ganz zutraf. Ironischerweise litt Rousseau im ersten Sommer vor allem unter der Einsamkeit in der Eremitage. Madame d'Épinay verbrachte wegen ihrer schwachen Gesundheit und der Bauarbeiten auf La Chevrette den größten Teil des Jahres in Paris, und auch Jean-Jacques' Freunde besuchten den Einsiedler recht selten. In einigen Briefen aus dieser Zeit klagt Rousseau über die mangelnde Bereitschaft, um seinetwillen Paris zu verlassen; es scheint, als habe insbesondere Diderot 1756 lediglich ein- oder zweimal den Weg nach Montmorency gefunden. Die vage Hoffnung, in der Gesellschaft von Thérèse einen gewissen Ausgleich zu finden, zerschlug sich rasch. Die junge Frau langweilte sich auf den Spaziergängen mit ihrem Geliebten und zog es schon bald vor, zu Hause zu bleiben. Dieser Umstand war der Beziehung, deren körperliche Seite offenbar ohnehin kaum noch eine Rolle spielte, nicht sehr förderlich. Rousseau begann, in Thérèse eher eine Dienerin zu sehen, und wünschte sich insgeheim eine Gefährtin für wirklichen geistigen Austausch. Nicht einmal der Genuß der ländlichen Ruhe war Jean-Jacques vergönnt, denn zu seinem Verdruß fand sich die gleiche Klientel ein, die schon das Dasein in Paris so unangenehm gemacht hatte. Zahllose Neugierige wollten den neuen Wohnort des bekannten Mannes sehen und vereitelten oft seine Pläne. All diese Widrigkeiten provozierten, erinnert sich Rousseau, den

29 Louise-Florence-Pétronille Lalive d'Épinay, 1726–1783. Pastel von Jean-Etienne Liotard, um 1758

Vergleich mit dem Idyll vergangener Tage: »(…) manchmal rief ich seufzend: ›Oh, dies hier ist noch nicht Charmettes!‹« *(B)*

Dennoch muß das erste Jahr in der Eremitage als relativ glücklicher Abschnitt im Leben des Philosophen gelten. Zu den Projekten, mit denen Rousseau sich in dieser Zeit beschäftigte, gehörte auch ein Text, der die Differenzen mit Voltaire vertiefte. Hellsichtiger oder weniger durch persönliche Bindungen beeinflußt als die Enzyklopädisten, hatte der große Dramatiker den radikalen Gehalt der Preisschrift aus dem Jahr 1750 sofort erkannt und den Genfer Handwerkersohn umgehend in die Reihen seiner Gegner aufgenommen. Erst mit dem Erscheinen des ›Zweiten Diskurses‹ aber brachte er seine Ablehnung auch zum Ausdruck. Wie die meisten seiner Zeitgenossen, so war auch Voltaire mit der Intention der kritisierten Schrift überfordert; gleichwohl blieb ihm die geistige Leistung hinter den Ausführungen nicht verborgen. Das unten zitierte Schreiben schlägt daher in der Folge einen durchaus höflichen, wenn auch etwas kühlen Ton an, und die Antwort Rousseaus befleißigt sich eines ähnlichen Vorgehens. Zum damaligen Zeitpunkt schätzte Jean-Jacques den berühmten Mann noch in hohem Maße; schon Voltaires Ansiedlung in Les Délices auf Genfer Boden im Frühjahr zuvor hatte er in Briefen an Bekannte begeistert kommentiert. Im Juli 1756 nun erhielt Rousseau eine Ausgabe des Gedichts ›Das Unglück von Lissabon‹, in dem der französische Dichter die weltanschaulichen Folgen eines gewaltigen Erdbebens thematisiert. Das

30 Voltaire (eigentl. François Marie Arouet), 1694–1778. Gemälde von Jean Huber: ›Le Lever de Voltaire‹ (Voltaire diktiert seinem Sekretär beim Anziehen)

Ich habe, Monsieur, Ihr neues Buch gegen das Menschengeschlecht erhalten und danke Ihnen dafür. (…) Man bekommt Lust, auf allen vieren zu gehen, wenn man Ihr Werk liest.
Voltaire in einem Brief an Rousseau vom 30. August 1755

Ereignis vom 1. November 1755, bei dem Tausende Menschen gestorben waren, veranlaßte Voltaire, die Güte der göttlichen Vorsehung angesichts des geschehenen Übels in Frage zu stellen. Seine Argumentation zielt dabei auf das Konzept des philosophischen Optimismus, das im Denken von Pope und Leibniz gegenwärtig ist und die Existenz des Bösen als integralen Bestandteil einer dem Grunde nach perfekten Weltordnung interpretiert. Rousseaus Verteidigung dieser Sichtweise im ›Brief über die Vorsehung‹ *(BüV)* vom 18. August 1756 macht die in den vorhergehenden Schriften entwickelte Systematik für den Bereich der Theodizee fruchtbar. So gelingt der Freispruch Gottes, indem allein den menschlichen Einrichtungen die Schuld an der Wirklichkeit des Schlechten zugewiesen wird. »Ohne Ihren Gegenstand Lissabon zu verlassen, gestehen Sie mir zum Beispiel zu, daß nicht die Natur dort zwanzigtausend Häuser von sechs bis sieben Stockwerken versammelt hatte«, belehrt der Text Voltaire über den wahren Ursprung der Katastrophe. Die Antwort des Literaten bestand zunächst lediglich in der freundlich gehaltenen Ankündigung, später auf die Schrift des Genfer Philosophen zurückzukommen. In der Tat veröffentlichte Voltaire drei Jahre nach dem Briefwechsel ein Werk, das Rousseau als Entgegnung auf seine Ausführungen verstand und dessen spöttisch-ironische Abrechnung mit einer positiven Weltsicht ihn zutiefst verletzte: ›Candide oder Der Optimismus‹.

Mitte 1756 aber war Rousseau noch mit erfreulichen Gedanken beschäftigt. Angeregt von der idyllischen Umgebung, verlegte er sich darauf, den Mangel an echter Gesellschaft durch Besuche in einer erdachten Welt zu kompensieren. In seiner Phantasie entstanden Idealbilder, deren Faszination bald so groß war, daß sie schriftlich verarbeitet werden mußten. Etwa im Herbst des Jahres begann Rousseau, aus den Fragmenten seiner Träumerei »eine Art Roman zu machen« *(B)*. In Anlehnung an die Form der psychologisierenden Werke von Samuel Richardson entwarf er einen fiktiven Brief-

---

Sie, von Ruhm gesättigt und von eitler Größe nicht geblendet, leben frei im Schoße des Überflusses; der Unsterblichkeit zuverlässig versichert, philosophieren Sie ruhig über die Natur der Seele, und wenn der Körper oder das Herz leidet, so haben sie Tronchin zum Arzt und zum Freunde: gleichwohl finden Sie nichts als Übel auf der Erde. Und ich, unbekannt, arm, allein und von einem unheilbaren Übel geplagt, meditiere in meiner Einsamkeit mit Vergnügen und finde, alles sei gut.

Rousseau an Voltaire (BüV)

wechsel, der das Schicksal der jungen adeligen Julie d'Étange schildert. Die Handlung spielt zu großen Teilen an den Ufern des Genfer Sees, zunächst in Vevey, dem Geburtsort von Madame de Warens. Die Protagonistin der Erzählung liebt ihren Hauslehrer St. Preux, der diese Gefühle erwidert. Da Julies Vater der Verbindung seiner Tochter mit einem Mann bürgerlichen Standes nie zustimmen würde, müssen die beiden ihre Beziehung verbergen; dennoch wird das Mädchen schwanger. Als Lord Eduard, ein vorurteilsloser Freund der Familie, die Heirat der Liebenden vorschlägt, reagiert Baron d'Étange empört. Obwohl er von der Intimität der Liaison nichts weiß, züchtigt er seine Tochter so sehr, daß es später zu einer Fehlgeburt kommt. St. Preux reist ab und lebt für eine Weile in Paris, hält aber den Kontakt zu Julie brieflich aufrecht. Endlich wird die Korrespondenz von der Mutter des Mädchens entdeckt. Bis zu diesem Punkt ungefähr schrieb Jean-Jacques den Roman im Winter 1756/57 nieder, dann legte er den Text vorläufig zur Seite. Von Anfang an war ihm die Vorstellung unbehaglich, einen sentimentalen Stoff zu behandeln und es damit anderen, in seinen Augen oberflächlichen Autoren gleichzutun. »Ich fühlte diese Inkonsequenz in ihrer ganzen Stärke, ich warf sie mir vor, errötete, ärgerte mich darüber«, gestehen die ›Bekenntnisse‹. Rousseau begriff wohl recht gut, daß ihm die Abfassung des Werkes dazu diente, das Fehlen einer erfüllten Partnerschaft zu bewältigen und

31 Samuel Richardson, 1689–1761. Gemälde von Joseph Highmore, 1750

Der Engländer **Samuel Richardson** schuf den psychologisierenden Briefroman, etwa das auch in Frankreich sehr erfolgreiche Werk ›Pamela oder Die belohnte Tugend‹ (1740), und beeinflußte die Literatur der Empfindsamkeit in ganz Europa.

so einer ersten fundamentalen Lebenskrise Herr zu werden. Noch keinen Blick aber hatte er offenbar für die Qualitäten des kleinen Manuskripts, aus dem sich im Laufe der folgenden gut eineinhalb Jahre der Roman ›Julie oder Die neue Héloïse‹ und damit der größte Erfolg in der französischen Literatur des 18. Jahrhunderts entwickeln sollte.

Rousseaus Entschluß, auch den Winter in der Eremitage zu verbringen, löste bei seinen Freunden Bestürzung aus. Die Enzyklopädisten, denen die Übersiedlung von Beginn an nicht geheuer war, fürchteten um die seelische Verfassung des ohnehin oft grüblerischen Philosophen. In der Tat fühlte sich Jean-Jacques während der kalten Jahreszeit sehr unwohl. Um seine Gesundheit war es nicht gut bestellt, er litt unter der Einsamkeit, und die Laune von Thérèses Mutter verschlechterte sich mit dem Wetter. Marie Levasseur machte insbesondere bei Grimm und Diderot heimlich Stimmung für eine Rückkehr des kleinen Haushalts nach Paris, hatte aber offenbar nicht den Mut, dem Hausherrn ihre Wünsche zu gestehen. So erfuhr Rousseau diese Zusammenhänge nur von Thérèse, die sich immer wieder heftige Kritik an ihrem Geliebten anhören mußte. In dieser Situation mag die Ankunft von Madame d'Épinay auf La Chevrette im Februar 1757 wie ein Zeichen für den Beginn besserer Zeiten erschienen sein; indes, die Freude währte nicht lange. Zwar war es Rousseau wohl keineswegs unlieb, daß sich Grimm aufgrund einer Berufung als Sekretär des Herzogs von Estrée fern der französischen Hauptstadt im Siebenjährigen Krieg engagierte, doch er hatte nicht damit gerechnet, die Lücke im Leben seiner Gastgeberin füllen zu müssen. Die ›Bekenntnisse‹ klagen: »Es ergab sich daraus, daß ich sie nicht mehr zu meiner, sondern zu ihrer Stunde besuchte und daß ich nie mit Sicherheit auch nur über einen Tag verfügen konnte.«

Das größte Ärgernis in den ersten Monaten des Jahres aber verursachte Diderot, der ein Exemplar seines gerade erschienenen Wer-

Alle Abende las ich am Kamin den Gouvernanten diese beiden Teile wieder und wieder vor. Die Tochter, ohne etwas zu sagen, schluchzte vor lauter Rührung mit mir. Die Mutter blieb, da sie nichts Schmeichelhaftes darin fand und nichts begriff, ruhig und begnügte sich, in den Pausen mir ständig zu wiederholen: ›Mein Herr, das ist wirklich schön.‹

Rousseau über den Briefroman,
Thérèse und ihre Mutter (B)

kes ›Der natürliche Sohn‹ nach Montmorency sandte. Rousseau fand darin den Satz:»Der gute Mensch lebt in Gesellschaft, nur der böse Mensch lebt allein.« Tief getroffen bat er seinen Freund um eine Stellungnahme, doch die Antwort fiel enttäuschend aus. Diderot behauptete, Jean-Jacques sei nicht gemeint; gleichwohl erklärte er die Vorbehalte gegenüber einer solitären Existenz an sich für gerechtfertigt. Mehr noch als diese laue Entschuldigung aber mißfiel Rousseau der zugleich erhobene Vorwurf, Thérèses fast achtzigjährige Mutter von Paris und einer guten ärztlichen Versorgung fernzuhalten. Dabei war er nicht nur aufgebracht über den Inhalt des Tadels, sondern vor allem über die Bevormundung, die er in dem gesamten Vorgang erblickte. Erst nach harten Worten zwischen den beteiligten Personen, einigen Tränen und der Vermittlung von Madame d'Épinay gelang die Beilegung des Konflikts. Anfang April besuchte Diderot die Eremitage, nachdem Rousseau sich zuvor mit ihm in Paris getroffen hatte. Noch aus der Darstellung der Versöhnung in den ›Bekenntnissen‹, die lange nach dem endgültigen Bruch mit dem Enzyklopädisten abgefaßt wurde, spricht die Rührung, die Jean-Jacques dabei empfand:»Wie kann die Umarmung eines Freundes Kränkungen vergessen machen! Welcher Groll kann danach noch im Herzen zurückbleiben?« *(B)*

Freude erlebte Rousseau in dieser Zeit wohl überwiegend bei der Arbeit an seinem Briefroman. Etwa Ende April war eine Version des Buches fertiggestellt, die formal den ersten vier Teilen der definitiven Ausgabe des Jahres 1760/61 entspricht. In der publizierten Fassung beugt sich Julie dem Willen des Vaters und heiratet Baron von Wolmar, dem ihre Hand bereits versprochen war. Zwar liebt sie den kühlen, gewissenhaften Mann nicht, respektiert und bewundert ihn jedoch. An seiner Seite widmet sie sich der Erziehung ihrer Kinder und der Pflege der neu gewonnenen Tugend. St. Preux, der schweren Herzens auf Julie verzichtet, sucht in einer jahrelangen Reise um die Welt Vergessen. Nach seiner Rückkehr

---

Ich war glücklich in meiner Einsamkeit; Sie machten es sich zur Aufgabe, mein Glück zu stören, und Sie erledigten sie vortrefflich. Im übrigen haben Sie gesagt, nur der Böse sei allein, und um Ihren Ausspruch als berechtigt anerkennen zu können, muß man nur um jeden Preis so weitermachen, damit ich es werde. Philosophen, Philosophen!
Rousseau an Denis Diderot,
16. März 1757

scheint er soweit geläutert, daß Wolmar, der um die früheren Vorgänge weiß, ihm sogar die Erziehung seiner Kinder übertragen
will. Eine Weile leben die drei Personen nun zusammen in Clarens,
einem von Julies Gatten kontrollierten, patriarchalischen Idyll.
Unter Wolmars Einfluß gelingt St. Preux und seiner ehemaligen
Geliebten dabei der Aufbau einer auf Tugend gegründeten Freundschaft. Als der Baron aber eine Zeitlang Clarens verläßt, wird die
Stabilität der neuen Beziehung auf die Probe gestellt. Eine Bootsfahrt über den stürmischen Genfer See endet beinahe in einer Katastrophe; mit großer Mühe gelingt es Julie und St. Preux, sich in
Meillerie an Land zu retten. Dort, vor der heroischen Kulisse der
Alpen, werden beide von längst überwunden geglaubten Gefühlen
überwältigt. Julie besinnt sich dennoch auf ihre Pflichten und kann
auch ihren Freund vor einem verfänglichen Tun bewahren. Nun
sprechen verschiedene Fakten dafür, daß die Handlung des Werkes
im Frühjahr 1757 noch einen etwas anderen Verlauf hatte. Offensichtlich war vorgesehen, die Gefährten gemeinsam ertrinken und
den Text auf diese Weise enden zu lassen. Eine Bewältigung der
Konflikte nach dem Muster der Tragödie aber entsprach bald nicht
mehr der Stimmungslage Rousseaus, denn schon im Mai trat ein
Ereignis ein, das ihn in eine vorher nie gekannte Euphorie versetzte. Der alternde Literat erlebte ein Gefühl, das die ›Bekenntnisse‹ so
beschreiben: »Liebe, Liebe in ihrer ganzen Kraft und Raserei.«

Gegenstand der Verehrung war die 26jährige Gräfin d'Houdetot,
Schwester des Gatten von Madame d'Épinay. Rousseau kannte die
junge Frau bereits seit Ende der vierziger Jahre, hatte in ihr jedoch
stets nur eine angenehme Bekannte gesehen. Schon die kurzen
Besuche der Comtesse in der Eremitage im Juni 1756 und im Januar
darauf aber rückten die adlige Dame in ein anderes Licht, und jetzt,
zu Beginn der schönen Jahreszeit, erlag Jean-Jacques endgültig
ihrem Charme. Die Bedingungen für eine echte Beziehung allerdings waren denkbar ungünstig. Das lag weniger am Ehemann

Oh, Rousseau, Sie werden böse, ungerecht, grausam, unmenschlich, und
ich weine darüber vor Schmerz. Ein übler Streit mit einem Manne, den
ich niemals so achtete und liebte wie Sie, hat mir Kummer und schlaflose
Nächte bereitet. Urteilen Sie, welches Leid Sie mir zufügen. Doch ich
fürchte, die zartesten Bande sind Ihnen völlig gleichgültig geworden.
Denis Diderot an Rousseau,
etwa 22. März 1757

und an den drei Kindern von Madame d'Houdetot; Bindungen dieser Art zogen in der Welt des französischen Hochadels keine Treuepflicht nach sich. Bedeutung aber hatte die Liaison der Comtesse mit dem Marquis de Saint-Lambert. Der attraktive Mann, Mitarbeiter an der Enzyklopädie, Amateurpoet, Frauenschwarm und zuvor erfolgreicher Rivale Voltaires um die Gunst Madame de Châtelets, nahm einen so festen Platz in ihrem Herzen ein, daß Rousseaus Werben eigentlich ohne jede Aussicht auf Erfolg war. Da Saint-Lambert jedoch dem Militär angehörte und zu dieser Zeit seinem Land im Krieg diente, sah Madame d'Houdetot in dem Kontakt mit dem bekannten Literaten eine Gelegenheit zur Zerstreuung. Geschmeichelt von seiner Bewunderung und fasziniert von seiner wenig förmlichen Art, ließ sie sich schließlich darauf ein, Jean-Jacques regelmäßig zu treffen. Die ›Bekenntnisse‹ berichten von gemeinsamen Mahlzeiten, langen Spaziergängen und traulichen Abenden im Mondschein, legen aber Wert auf die Feststellung, daß es nur zu einigen flüchtigen Zärtlichkeiten kam. Man darf hinter dieser Beschreibung jedoch die Rücksicht auf Saint-Lambert und seine Geliebte vermuten, denn es gibt einige Hinweise auf ein intimes Verhältnis. Der Briefwechsel ist größtenteils verschollen; einzelne Schreiben und Entwürfe aber sprechen von Übernachtungen im Zimmer der Comtesse, die rund vier Kilometer entfernt, in Eaubonne, ein Haus bewohnte, oder loben die Qualitäten Rousseaus als Liebhaber. In jedem Fall durchlebte der Philosoph, der sich eigentlich schon mit dem Verlust seiner Jugend und der Unmöglichkeit wahrer Liebe abgefunden hatte, die Wochen des Frühsommers wie in einem Rauschzustand. In der Erinnerung

Die Gräfin d'Houdetot näherte sich den Dreißigern und war keineswegs schön. Ihr Gesicht war durch Blatternarben entstellt. Ihr Teint war unrein, sie war kurzsichtig, und die Augen waren ein wenig zu rund. Aber bei all dem sah sie jung aus, und ihre Züge, zugleich lebhaft und sanft, waren anziehend. Sie hatte einen Wald von schwarzem, natürlich gelocktem Haar, das ihr bis zu den Kniekehlen fiel. Ihr Wuchs war klein, und in all ihren Bewegungen lag Unbeholfenheit und Anmut zugleich. Sie war sehr natürlich und sehr angenehm im geselligen Verkehr. Heiterkeit, Ausgelassenheit und Kindlichkeit vermählten sich glücklich in ihr. Sie sprudelte von reizenden Einfällen, die sie nicht suchte und die ihr manchmal unwillkürlich entschlüpften. Sie hatte mehrere angenehme Gaben, spielte Klavier, tanzte gut, machte recht hübsche Verse. Ihr Charakter war engelhaft. Seinen Grund bildete die Sanftmut ihrer Seele; außer der Klugheit und der Kraft vereinigte sie alle Tugenden.

Rousseau über die Gräfin d'Houdetot (B)

wird die Zeit sogar zum Finale einer lebenswerten Existenz schlechthin erhoben: »Das sind die letzten schönen Tage gewesen, die mir auf der Erde beschieden waren.« *(B)*

Die Affäre mit »Sophie«, wie Jean-Jacques die Gräfin schon bald nannte, wirkte sich zunächst nur auf die Entwicklung des Briefromans aus. »Ich sah meine Julie in Frau d'Houdetot, aber bekleidet mit allen Vollkommenheiten, mit denen ich den Abgott meines Herzens geschmückt hatte« *(B)*, erklärt Rousseau. Unter dem Eindruck der Verschmelzung von Realität und Fiktion überarbeitete er die vorhandenen Teile seiner Erzählung und skizzierte weitere Briefe, in denen sich das Verhältnis zwischen Saint-Lambert, Sophie und ihm widerspiegelt. Madame d'Houdetot ließ nie Zweifel daran, daß der schwärmerische Philosoph auf Dauer nur ein enger Freund sein und niemals die Rolle ihres Liebhabers einnehmen würde, und so akzeptiert im Fortgang des Romans auch St. Preux nun scheinbar endgültig die Position als geistiger Vertrauter Julies. Voller Bewunderung erkennt er jetzt den ganzen Umfang der gerechten Ordnung, die Wolmar in Clarens eingeführt hat. Ein erneutes Erwachen seiner alten Gefühle währt nicht lange; vorübergehend entsteht sogar der Gedanke, Julies Kusine Clara zu heiraten. Alles scheint sich zum Guten zu wenden, und St. Preux schreibt im Ton der Überzeugung an Lord Eduard: »Friede herrscht in meinem Herzen wie an dem Ort, den ich bewohne.« *(NH)*

Ob Rousseau auch den düsteren Abschluß des Werkes schon in der Hochzeit seiner Liebe konzipierte, ist kaum sicher zu beantworten, da er mindestens bis März 1759 den Text immer wieder änderte. Es liegt jedoch nahe, diese Frage zu verneinen und die heute vorliegende Fassung des Buchs wenigstens zum Teil auf die Vorfälle zwischen Hochsommer und Winter 1757 zurück-

32 Élisabeth-Sophie-Françoise, Comtesse d'Houdetot, 1730–1813. Stich von Corot

zuführen. Protokolliert man die Geschehnisse dieser Periode, dann entsteht vor den Augen des Betrachters eine Art groteskes Kammerspiel, das Aufschluß über die nahezu pathologische Empfindlichkeit Jean-Jacques' und die teilweise maßlose Egozentrik seines Bekanntenkreises gibt. Am Ende der Ereignisse ist in gewissem Sinne auch hinsichtlich Rousseaus Dasein der Zustand erreicht, von dem das letzte Schreiben des Briefromans berichtet. Julie stirbt an einer Krankheit, die sie sich bei der Rettung ihres Sohnes aus dem Genfer See zuzieht, und die verzweifelte Clara klagt gegenüber St. Preux: »Freundschaft, Vertrauen, Tugenden, Freuden, ausgelassene Spiele; alles hat die Erde verschlungen (…).« *(NH)*

In seiner Begeisterung für Sophie hatte Rousseau jede Klugheit fahrenlassen und sich wiederholt auch unter den Augen von Madame d'Épinay mit ihr getroffen. Es konnte nicht ausbleiben, daß die Herrin von La Chevrette sich über die Bevorzugung ihrer Schwägerin ärgerte, und in dem Gefühl der Eifersucht fand sie in Thérèse eine Verbündete. Mit einem beachtlichen Mangel an Takt setzte Rousseau seine Gefährtin oft als Briefkurier zwischen der Eremitage und Eaubonne ein und spielte seiner Gastgeberin auf diese Weise wohl einige Proben seiner Leidenschaft für Madame d'Houdetot in die Hände. Madame d'Épinay jedenfalls korrespondierte mit Grimm und dem Kreis um Baron d'Holbach über ihr Wissen oder ihre Mutmaßungen, und so fand Saint-Lambert bei einem überraschenden Besuch in Montmorency am 11. Juli ein Klima von Andeutungen und diskretem Spott vor. Der entsetzte Rousseau floh nach Paris und beichtete den Zustand seines Herzens Diderot, der ihm nach eigenem Zeugnis riet, dem Marquis alles zu gestehen und sich dann von Madame d'Houdetot fernzuhalten. Jean-Jacques aber tat nichts

33   Jean-François de Saint-Lambert, 1716–1803. Gemälde der École Française, 18. Jahrhundert

dergleichen, sondern erwartete eine Fortsetzung der Beziehung, als Saint-Lambert Anfang August Paris wieder Richtung Deutschland verließ. Sophie jedoch, die auf den Besuch des Offiziers mit Panik reagiert hatte, zog sich nun aus Angst um ihren Ruf und ihre wahre Liebe immer mehr von dem bestürzten Rousseau zurück. Gegen Ende des Monats schienen sich ihre schlimmsten Befürchtungen zu bestätigen. Unter Tränen berichtete sie ihrem Verehrer, Saint-Lambert sei über die Vorgänge informiert worden. Rousseau geriet in heftige Wut, die sich sofort gegen Grimm und Madame d'Épinay richtete. Nur sie konnten seiner Ansicht nach für entsprechend entstellte Berichte verantwortlich sein. Die Herrin von La Chevrette war vor Ort und bekam daher den Zorn des Literaten unmittelbar zu spüren. Billette mit pathetisch formulierten Anklagen, Verdächtigungen und Rechtfertigungen gingen zwischen Schloß und Einsiedelei hin und her, doch schließlich kam es zu einer Versöhnung, ohne daß die im Raum stehenden Fragen geklärt wurden. Auf Vermittlung von Madame d'Épinay schloß Rousseau wenige Wochen später auch mit Grimm noch einmal Frieden, obwohl es ihm keineswegs leichtgemacht wurde. Ende September aus dem Krieg zurückgekehrt, legte der Deutsche ein extrem hochmütiges Benehmen an den Tag und behandelte Jean-Jacques wie einen Untergebenen. Diese Haltung spiegelte sich dann auch bei der Aussprache der beiden Männer wider. In Erinnerung an die Herablassung, mit der er konfrontiert wurde, bemerkt Rousseau: »Der ganze Auftritt hatte das Aussehen eines Verweises, den ein Lehrer seinem Schüler gibt, wenn er ihm die Rute erläßt.« *(B)*

Kurzzeitig beruhigte sich die Situation. Auch die Freundschaft mit Sophie schien nicht verloren, denn Rousseau hatte mit einer an Frechheit grenzenden Kaltblütigkeit ein Schreiben an Saint-Lambert verfaßt, in dem er über die Zurückhaltung Madame d'Houdetots klagt und ihren Geliebten um eine Erklärung bittet. Der Marquis beeilte sich daraufhin, dem Philosophen, den er lediglich

---

Mit seinem von Natur schneidenden Ton verband er die Überheblichkeit eines Emporkömmlings und wurde durch seine Unverschämtheit sogar lächerlich. Der Umgang mit den Großen hatte ihn soweit verleitet, daß er selbst die Manieren annahm, die man bei den Unverständigsten unter ihnen sieht. Er rief seinen Lakaien nur mit einem ›Eh!‹ (…) Wenn er ihm Aufträge gab, so warf er ihm das Geld auf die Erde, statt es ihm in die Hand zu geben. Kurz, er vergaß ganz, daß dieser ein Mensch war (…).

Rousseau über Grimm (B)

verdächtigte, der Comtesse wegen ehelicher Untreue Vorhaltungen zu machen, sein Vertrauen auszusprechen. Rousseau war wohl ebenso erleichtert wie Sophie, doch dieses Gefühl ließ sich nicht lange auskosten. Wenige Tage nach der freundlichen Botschaft von Saint-Lambert, die die Eremitage in der zweiten Oktoberhälfte erreichte, erhielt Jean-Jacques einen Brief Diderots, in dem er in belehrendem Ton aufgefordert wird, seine Gastgeberin nach Genf zu begleiten. Madame d'Épinay wollte den Arzt Théodore Tronchin aufsuchen, einen Bekannten Rousseaus und Freund Voltaires, doch der Eremit von Montmorency hatte ihre Bitte um Beistand auf der Reise abgelehnt. Gründe dieser Reaktion waren nicht allein seine eigene schlechte Gesundheit und der Wunsch nach Nähe zu Sophie, sondern vor allem wohl die Furcht, in der Heimat als Galan der jungen Frau zu gelten. Rousseau vermutete offenbar den gleichen Sachverhalt wie die überwiegende Forschung heute: die Schwangerschaft von Madame d'Épinay. Die Ermahnungen Diderots nun, der sich zuvor jahrelang von der adligen Dame ferngehalten hatte, versetzten Jean-Jacques in helle Empörung. Er entwarf eine scharfe Antwort, von der auch Madame d'Houdetot, Grimm und dessen Geliebte in Kenntnis gesetzt wurden. Die Letztgenannten schwiegen zunächst, doch Sophie stürzte ihren Freund in tiefe Ratlosigkeit, denn sie stimmte in der Sache Diderot zu, um jeden Schein einer unerlaubten Beziehung zu vermeiden. Rousseau beschloß in dieser Lage, sich an Grimm zu wenden. Obwohl der Deutsche vermutlich Diderot zu seinem ärgerlichen Brief angestiftet hatte und inzwischen die Behauptung verbreitete, der Einsiedler sei ein schlechter Notenkopist, sah Rousseau ihn noch immer als Freund an. Am 26. Oktober schrieb er ihm einen Brief, in dem die Entscheidung über die Reise nach Genf in die Hände des Adressaten gelegt wird. Die Entgegnung, die ihn fünf Tage danach erreichte, bedeutete den endgültigen Bruch mit Grimm. Sie enthielt nicht nur persönliche Beleidigungen und den Vorwurf der Un-

---

Soviel steht fest: als Freund bleibe nur ich Ihnen; aber es steht auch fest, daß ich Ihnen bleibe. Dies habe ich unverblümt allen gesagt, die es hören wollten; und hier mein Vergleich, es ist wie mit einer Geliebten, deren Fehler ich allesamt wohl kenne, doch von der sich mein Herz nicht trennen kann. Ein für allemal, mein Freund, ich spreche zu Ihnen offenherzig. Sie vermuteten, Ihre Freunde hätten ein Komplott geschmiedet, um Sie nach Genf zu schicken; und diese Vermutung ist falsch.

Denis Diderot an Rousseau, 14. November 1757

dankbarkeit gegenüber Madame d'Épinay, sondern rechnete auch mit Rousseaus Tätigkeit als Philosoph und seinem »ungeheuerlichen System« ab. Erzürnt strich Jean-Jacques den Enzyklopädisten aus der Liste seiner Freunde und faßte den Entschluß, die Eremitage zu verlassen, denn er ging davon aus, daß seine Gastgeberin, die sich inzwischen nach Genf begeben hatte, die Ansichten ihres Geliebten teilte. Sophie aber, die bei einem Auszug des bekannten Mannes neue Gerüchte auf sich zukommen sah, bat ihn inständig zu bleiben; Saint-Lambert schloß sich an, und sogar Diderot plädierte für eine Intervention der Comtesse in diesem Sinne. Rousseau war keineswegs an einem Umzug während des Winters interessiert und an sich bereit zu einer Verständigung mit Madame d'Épinay, doch alle Anstrengungen kamen zu spät. Ein Schreiben vom 12. November, in dem die adlige Dame Enttäuschung über das Verhalten ihres Gastes ausdrückt, beantwortete Jean-Jacques umgehend mit der Aufkündigung der Freundschaft. Der förmliche Abschied von ihren Gütern, den die verletzte Madame d'Épinay dem Philosophen Anfang Dezember erteilte, war keine Überraschung mehr. Rousseau blieb vor seiner Abreise nur noch der Versuch, sich wenigstens die Zuneigung Diderots zu erhalten. In der ersten Hälfte des Monats besuchte der Enzyklopädist die Eremitage, und dabei scheint es noch einmal zu einer Annäherung gekommen zu sein. Als Rousseau sein Domizil am 15. Dezember 1757 verließ, verband er wohl mit seinem ältesten Freund die Hoffnung, die Beziehung zur Welt der französischen Aufklärung nicht ganz zu verlieren, doch auch dieses Gefühl sollte schon bald enttäuscht werden. Noch am Abend nach dem Treffen in den Hügeln von Montmorency schrieb Diderot nach Angaben von Madame d'Épinay einige Zeilen an Grimm, in denen es über Rousseau heißt: »Möge ich nur niemals diesen Mann wiedersehen. Er macht mich an Teufel und Hölle glauben« (›L'Histoire de Madame de Montbrillant‹).

Wenn man vor Kummer sterben könnte, wäre ich nicht mehr am Leben. Doch endlich bin ich zu einer Entscheidung gekommen. Die Freundschaft zwischen uns ist erloschen, Madame; aber selbst wenn sie tot ist, hat sie noch Rechte (...). Ihre Wohltaten habe ich nicht vergessen, und Sie können mit aller Dankbarkeit rechnen, die man auch nur für jemanden empfinden kann, den man nicht mehr lieben darf. Jede andere Erklärung wäre unnütz. Ich habe mein Gewissen zum Richter und überlasse Sie dem Ihrigen. *Rousseau an Madame d'Épinay, 23. November 1757*

Ruhe vor dem Sturm

Rousseaus neues Heim lag auf dem Gelände des Anwesens Montlouis in Montmorency, etwa drei Kilometer von der Eremitage entfernt. Die Besitzung gehörte dem Advokaten Jean-Jacques Mathas und umfaßte neben dem Haupthaus ein kleines Gebäude mit Terrasse und Garten, das sogenannte »Petit Montlouis«. Hier richtete sich der Philosoph notdürftig ein und versuchte nach

dem überstürzten Umzug zunächst, seine Lage einzuschätzen. Durch die Zahlung einer Miete für das Domizil schien eine gewisse Unabhängigkeit vom Wohlwollen des Eigentümers gesichert, und auch häuslicher Friede wurde mit der Rückkehr von Thérèses Mutter nach Paris wieder möglich. Gleichwohl fühlte Jean-Jacques sich zunächst mehr als niedergeschlagen. Seine Gesundheit war nach den Aufregungen der letzten Monate stark angegriffen, der Winter des Jahres 1757/ 1758 sehr kalt, das Haus in baufälligem Zustand und schwer zu heizen. In erster Linie aber litt er wohl unter dem Verlust der bisherigen Ansprechpartner. Eine Erneuerung der Freundschaft, die ihm Madame d'Épinay etwa einen Monat nach dem Auszug anbot, ließ sein starrer Ehrbegriff nicht zu, und Diderot, der bald nach Erschei-

34 Das »Petit Montlouis« in Montmorency. Zeichnung von Lameau

nen des siebten Bandes der ›Encyclopédie‹ Ende 1757 unter schweren Druck von seiten der Autoritäten geriet, beantwortete keinen seiner Briefe. So blieb Rousseau zunächst nur Sophie, an die er dann auch so oft schrieb, daß sie ihn noch vor Jahresende um Verständnis für ihre nur nach und nach eintreffenden Antworten bitten mußte. Zwischen Zuneigung und Sorge um ihre gesellschaftliche Stellung schwankend, setzte die Gräfin zwar den schriftlichen Kontakt mit dem Literaten fort, verweigerte ihm aber ein Treffen selbst dann, als sie Mitte Februar wieder ihr Haus in Eaubonne aufsuchte. Auch der Briefwechsel war keineswegs frei von Spannungen, denn bei Rousseau machten sich jetzt immer wieder die psychischen Symptome seiner Krankheit bemerkbar. Doch obwohl Reizbarkeit und Mißtrauen den Langmut von Madame d'Houdetot auf eine schwere Probe stellten, kam das Ende der Korrespondenz für den Einsiedler völlig unerwartet. Ungläubig las er in einem Schreiben der Comtesse vom 6. Mai 1758 die Worte: »(…) meinem Ruf bin ich es schuldig, jeglichen Verkehr mit Ihnen abzubrechen, ich kann keinen mehr pflegen, der nicht nachteilig wäre für ihn.«

Was war geschehen? Saint-Lambert hielt sich seit März des Jahres wieder in Paris auf und erfuhr nun von Diderot den wahren Umfang der Leidenschaft Rousseaus für Madame d'Houdetot. Der Offizier selbst reagierte nach anfänglicher Empörung erstaunlich gelassen und pflegte sogar weiterhin die Bekanntschaft mit seinem ehemaligen Nebenbuhler, doch Sophie sah die Großmut ihres Geliebten als Zeichen an, in Zukunft nichts mehr zu riskieren. Diderot wußte nach eigenem Zeugnis genau, daß sein Freund den damaligen Rat nicht befolgt und Saint-Lambert den Zustand seines Gemüts nicht gebeichtet hatte, und so beschloß der bitter enttäuschte Literat, die Treulosigkeit des Enzyklopädisten öffentlich zu machen. Als Forum für dieses Vorhaben wählte Rousseau einen Text, den er Anfang März bereits abgeschlossen, aber noch nicht veröffentlicht hatte: den ›Brief an d'Alembert über das Schauspiel‹ *(BüS)*.

Ich bin ein böser Mensch, nicht wahr? Sie haben die sichersten Beweise dafür, es wurde Ihnen bestätigt. Als Sie es zu bemerken begannen, war ich bereits sechzehn Jahre für sie ein Ehrenmann, und vierzig Jahre war ich es bis dahin für alle Welt gewesen. Können Sie das auch von jenen sagen, die Ihnen diese hübsche Entdeckung mitteilten? Wenn man so lange fälschlicherweise die Maske des Ehrenmannes tragen kann, welchen Beweis haben Sie dann, daß diese Maske ihre Gesichter nicht ebenso verdeckt wie das meinige? *Rousseau an Denis Diderot, 2. März 1758*

Man kann im ›Brief an d'Alembert über das Schauspiel‹ ein erstes Zeugnis für Rousseaus Hinwendung zu einer stärker konstruktiv geprägten Tätigkeit sehen, und die eher sanfte Sprache des Werkes spiegelt diese Haltung wider. An einer Stelle des Vorworts jedoch fügte der Literat nun eine Fußnote ein, die die Gründe für den im Text angedeuteten Bruch mit Diderot offenlegen. In dem lateinischen Zitat aus dem apokryphen Buch Jesus Sirach heißt es unmißverständlich: »(…) ihr könnt euch wieder versöhnen; nur (…) Preisgabe von Geheimnissen (…): das verjagt jeden Freund.«

Rousseau zweifelte am Erfolg seiner Schrift, doch die Unsicherheit legte sich bald. »Sie können keine vier Zeilen schreiben, ohne daß es zu einer Sensation kommt«, erklärte ihm Madame de Créqui im Oktober 1758, und in der Tat war die erste Auflage des Werkes

Der ›Brief an d'Alembert über das Schauspiel‹

Anlaß dieses Werkes war der Artikel »Genf« im siebten Band der Enzyklopädie, in dem d'Alembert unter anderem die Zulassung eines Theaters in der kleinen Republik forderte. Mit der humanistischen Tradition und im Sinne der aufklärerischen Bemühung um eine Popularisierung ihrer Ideale begreift der Wissenschaftler das Schauspiel in seinem Text

als Medium zur Besserung der menschlichen Moral. Rousseau widerspricht dieser Auffassung anhand seiner historisch geprägten Konzeption der Kulturkritik. Das Theater kann seiner Ansicht nach in einer Stadt wie Genf, die von Korruption und Dekadenz noch weitgehend frei ist, nur verderbliche Wirkungen haben. Die Ursache dafür liegt in der Eigenart des Schauspiels, nicht die mäßigende Vernunft, sondern allein die Leidenschaften zur Geltung zu bringen. Deren künstliche Überzeichnung läßt das Böse faszinierend und das Gute unwirklich erscheinen und verführt außerdem dazu, alle sittlichen Regungen für die Welt der Illusionen zu reservieren. Auch einige populäre Stücke

35 Jean Le Rond d'Alembert, 1717–1783

werden verworfen: Alceste etwa, so erfährt der Leser, wird Opfer von Molières Spott über die Tugend und kann lediglich nach den Maßstäben der bigotten Pariser Gesellschaft als Misanthrop gelten. Schließlich schreibt Rousseau der Institution des Theaters selbst unerwünschte Folgen zu. Das Schauspielhaus ist aus seiner Sicht nicht Ort eines einheitsstiftenden Erlebnisses, sondern nur Hintergrund für die individuelle Demonstration von Reichtum und Eitelkeit. Sollen also fragwürdige Konsequenzen vermieden werden, so müssen gemeinsame Aktivitäten in Genf entweder in privaten Zirkeln oder in der Form sorgfältig geplanter allgemeiner Festveranstaltungen stattfinden. Am Ende der Ausführungen erklärt Rousseau: »Es reicht mir, so viel gesagt zu haben, um die Jugend meiner Heimat über das Fehlen eines Zeitvertreibs zu trösten, der das Vaterland so teuer zu stehen käme.«

innerhalb weniger Wochen vergriffen. Das Pariser Publikum honorierte mit seinem Interesse den Mut des Literaten, die seit Ende des 17. Jahrhunderts gelegentlich attackierte, gleichwohl äußerst populäre Ansicht vom Theater als moralischer Anstalt zu leugnen, während sich in Genf die große Fraktion der Orthodoxen in einem bedeutsamen Konflikt unterstützt sah. Bedrängt vom liberalen frankophilen Patriziat, wußten die Angehörigen der theologischen Elite die Unterstützung ihres prominenten Landsmannes durchaus zu schätzen, und die puritanisch gesonnene Handwerkerschaft setzte mit der Organisation patriotischer Festlichkeiten sogar einige Anregungen Rousseaus unmittelbar in die Tat um. Allein bei den französischen Gelehrten fand die eloquente Neubewertung des Theaters keinen Beifall. Zum Teil resultierte die Ablehnung schon aus der bitteren Kritik an Diderot, der wegen seiner Unbeugsamkeit gegenüber der staatlichen Zensur gerade besondere Popularität genoß, doch vielen Intellektuellen war auch die in ihren Augen reaktionäre inhaltliche Tendenz der Schrift suspekt. Lediglich Turgot und Duclos zollten der Publikation Respekt, und d'Alembert selbst war zu sehr Wissenschaftler, um nicht an Rousseaus Argumenten interessiert zu sein.

Trotz einer oft schwachen Gesundheit und der Nachwirkungen des Jahres 1757 waren Rousseaus Lebensverhältnisse während des Aufenthalts in Montmorency relativ stabil. Der Literat gewann mit der Zeit Abstand zu den Ereignissen der Vergangenheit und ging oft konzentriert seinen Projekten nach. In den Jahren zwischen 1758 und 1761 vollendete er nicht nur den in der Eremitage begonnenen Briefroman, sondern widmete sich auch der Frage, wie die Folgen des historischen Abfalls von der Natur, den der ›Zweite Diskurs‹ skizziert, zum Wohl des Menschen aufgefangen werden können. Rousseau hatte erkannt, daß das Elend der arbeitsteiligen Gesellschaft in der inneren Zerrissenheit liegt, die die unlösbare Verstrickung mit dem Schicksal und den Handlungen der anderen

Weit entfernt, davon beleidigt zu sein, was Sie gegen meinen Artikel ›Genf‹ schrieben, bin ich im Gegenteil von der Ehre geschmeichelt, die Sie mir antun; es drängt mich sehr, Sie zu lesen und Ihre Beobachtungen zu nutzen.

D'Alembert an Rousseau,
27. Juni 1758

dem Individuum auferlegt: Allein an seinem eigenen Glück interessiert, doch stets abhängig von dem Wohlwollen seines Gegenübers, ist der einzelne gleichsam ein »Doppelwesen«, das weder der Gemeinschaft noch sich selbst ganz gehört. Einen Weg, dem Menschen aus diesem Dilemma zu helfen, formuliert anschaulich eines der nachgelassenen sogenannten ›Politischen Fragmente‹ *(PF)*. »Gebt ihn ganz dem Staat hin oder überlaßt ihn ganz sich selbst«, wird dort von den Entscheidungsträgern verlangt, und Rousseau verfaßte nach Maßgabe dieser Alternativen zwei Werke, die ihm allein das dauerhafte Interesse der Nachwelt gesichert hätten: die staatstheoretische Abhandlung ›Vom Gesellschaftsvertrag‹ *(GV)* und den Erziehungsroman ›Émile‹.

Den historischen Hintergrund der Ideen, die der pädagogische Text vorträgt, bildet die Gesellschaft des *Ancien régime*. Da eine Rückkehr in die Zeit moralischer Integrität ausscheidet, ist jeder Versuch zur Reform der organisierten Gemeinschaft an sich in Europa vergeblich. »Diese beiden Worte: Vaterland und Staatsbürger müssen aus den modernen Sprachen gestrichen werden«, fordert Rousseau. So bleibt nur der Rückzug in die Privatsphäre, in der eine engagierte häusliche Erziehung individuelles Glück und Redlichkeit gewährleisten soll. Anhand des fiktiven Zöglings Émile demonstriert das Buch in teils romanhafter Form die Maßnahmen eines verständigen Tutors und ihre Folgen für den Reifeprozeß des Knaben. Maßstab des Projekts ist allein der »Gang der Natur«, sein Ziel nicht die Entwicklung einer bestimmten sozialen Rolle, sondern die Herausbildung einer humanen Existenz. In diesem Sinne sagt Rousseau: »Leben ist der Beruf, den ich ihn lehren will. Aus meinen Händen entlassen, wird er (…) weder Beamter noch Soldat noch Priester, er wird in erster Linie Mensch sein.«

In Rousseaus Leben kam Veränderung, als ihn Ostern 1759 überraschend der Herzog von Luxembourg besuchte. Der Adlige verbrachte mit seiner Frau die Festtage auf Schloß Montmorency und

Menschen, seid menschlich, das ist eure vornehmste Aufgabe. Seid es jedem Lebensalter gegenüber, allen Ständen und allem, was menschlich ist. Welche Weisheit habt ihr denn noch außer der Menschlichkeit? Liebt die Kindheit, fördert ihre Spiele, ihre Freuden und ihren liebenswerten Instinkt. Wer von euch hätte nicht manchmal dieser Zeit nachgetrauert, da die Lippen nur das Lächeln kennen und die Seele den Frieden?

(Émile)

Der Erziehungsroman ›Émile‹

Rousseau gliedert sein Werk über die Betreuung Émiles in fünf Abschnitte. Die drei ersten Bücher beschäftigen sich mit der bis zum 15. Lebensjahr dauernden Kindheit. Wesentlich ist hier das Prinzip der »negativen Erziehung«, das den Knaben durch völlige Abschottung vor den Einflüssen der Gesellschaft schützen soll. Inspiration ist dabei der menschliche Naturzustand, in dem der einzelne allein von der dinglichen Welt abhängt. Émile erlebt daher zwar als Kind nie offene Verbote oder Strafen und darf unbegrenzt seinem Bewegungsdrang nachgeben, muß aber auf Schritt und Tritt erfahren, daß die Gegenstände ihm Grenzen setzen. So lernt er rasch, nicht gegen einen unabänderbaren Sachverhalt aufzubegehren und Kälte oder Schmerzen ebenso wie einen leeren Kochtopf hinzunehmen. Auf diese Weise wappnet sich der Zögling gegen künftige Schicksalsschläge und verbringt zugleich eine Kindheit, die weitgehend frei ist von dem quälenden Zwiespalt zwischen Wunsch und Fähigkeit. Am Gleichgewicht der beiden Faktoren fehlt es nur im Säuglingsalter und in den Jahren zwischen zwölf und fünfzehn, die von einem Überschuß an Kraft gekennzeichnet sind. Während dieser Zeit muß die Energie des Knaben in eine Verbesserung seiner Kenntnisse fließen. Émile lernt deshalb ein Handwerk, das ihm später wirtschaftliche Unabhängigkeit sichert, und übt sich im Gebrauch der Vernunft, die ihm erst jetzt zur Verfügung steht. Dabei geht es allerdings nur um Probleme der Naturwissenschaft, mithin die Sphäre der Dinge, und nicht um Fragen der Religion, Moral oder Ästhetik: Nach Rousseaus Willen hat sich das Kind von Büchern – ausgenommen Defoes ›Robinson Crusoe‹ – völlig fernzuhalten. Die Beschränkung entfällt erst, als Émile das Jugendalter erreicht, das vom 15. bis zum 25. Lebensjahr dauert und dem Eintritt in die Gesellschaft gewidmet ist. Jetzt darf sich der Knabe mit Geschichte, später dann auch mit Ethik, Politik und Spiritualität beschäftigen. Vor allem die religiöse Unterweisung ist in dieser Phase bedeutsam. Die Grundsätze dazu finden sich im ›Glaubensbekenntnis des savoyischen Vikars‹, einem eigenständigen Text im Rahmen des 4. Buches, zu dessen wesentlichem Gehalt sich Rousseau auch persönlich bekannt hat. Hier wird ein oft als deistisch bezeichnetes, vom Autor selbst dagegen als christlich eingeordnetes Weltbild entworfen, das Wunderglaube, Offenbarung, Authentizität der Heiligen Schrift und Vermittlungsfunktion der Kirche ablehnt, die Existenz einer immateriellen Seele, die Göttlichkeit Jesu und das Alleinsein des Menschen mit dem Spruch seines Gewissens dagegen bejaht. Diese »natürliche Religion« will die Mitte halten zwischen Atheismus und Orthodoxie und dem Zögling einen Quell der Stärke eröffnen, der in der Selbstschau stets ohne fremdes Zutun zugänglich bleibt. Tatsächlich kann eine solche Option nun auch nützlich sein, denn durch den Kontakt mit anderen droht der Verlust seelischer Stabilität sogar dann, wenn eine Beteiligung am Konkurrenzkampf verweigert wird. »Jede Anhänglichkeit ist ein Zeichen von Schwäche«, erklärt Rousseau und weist damit auf das Moment der Verletzlichkeit in Liebe und Freundschaft hin. Émiles Entwicklung bestätigt diesen Zusammenhang. Zwar gelingt es ihm nach seiner offiziellen Einführung in die Gesellschaft, die selbstzerstörerischen Rituale des modernen Lebens zu meiden, doch bei der Begegnung mit dem Mädchen Sophie (sic!), geschildert im 5. Buch, verliert er bald sein Herz. Die Ehe, die der junge Mann mit Willen des Tutors schließlich eingeht, fußt auf einem eher traditionellen Rollenverständnis, gibt den Liebenden aber eine Reihe von Regeln zur dauerhaften Bewahrung ihrer Gefühle an die Hand, unter denen die Kompetenz der Frau zur Gestaltung des Erotischen hervorragt. Am Ende seiner Jugend scheint Émile den Schlüssel zu einer erfüllten Existenz gefunden zu haben. Mit Frau und Kind lebt er abseits der Städte auf dem Land, unabhängig von fremder Hilfe und ohne das Bedürfnis nach Anerkennung durch andere. Rousseau räumt allerdings ein, daß gelingendes Dasein in diesen Zeiten nur unter Opfern möglich ist. Émile bleibt im Kontakt mit seinen Mitmenschen immer ein Sonderling, der sich kaum an gemeinsamen Aktivitäten beteiligt und Diskussionen stets ausweicht. In dem fragmentarischen Werk ›Émile und Sophie‹ (*ÉuS*), das den pädagogischen Ansatz vervollständigt, werden dann auch die Folgen einer Mißachtung dieser Schranken deutlich. Das Paar begibt sich nach Paris und gerät schnell in den Sog des dekadenten Lebens in der Metropole. Als Sophie ihrem Mann erklärt, daß sie das Kind eines anderen erwartet, zerbricht die Beziehung. Im Gegensatz zu Julie, der Figur des Briefromans, die sich im Angesicht des Todes der Religion zuwendet, findet Émile Trost allein in einer Haltung, die die früh erlernte Resignation umsetzt und als »weise« vorgestellt wird. Bald gibt der schwer getroffene Mann den inneren Kampf auf und bewahrt selbst in der Gewalt der Mauren, in die er durch eine unglückliche Verkettung von Umständen gerät, seinen Gleichmut. Rousseau legt ihm die Fragen in den Mund: »Wurde ich nicht als Sklave der Notwendigkeit geboren? Welches neue Joch können mir die Menschen auferlegen?«

Herder nannte ›Émile‹ mit Zustimmung von Lessing und Jean Paul ein »göttliches Werk«, Goethe sprach vom »Evangelium der Erzieher« und der Schweizer Pädagoge und Sozialreformer Pestalozzi – dessen ›Freymüthige Nachforschungen über den Gang der Natur in der Entwicklung des Menschengeschlechts‹ (1797) stark von Rousseaus Denken beeinflußt

sind – gar von der »welthistorischen Bedeutung« des Buches. Tatsächlich setzte der Text, der 1762 erschien, eine Reihe tiefgreifender Veränderungen in Gang, die sich zunächst auf der praktischen Ebene zeigten. Mitte des 18. Jahrhunderts war die Pädagogik bereits auf dem Weg zu einer autonomen Disziplin, und auch wenn nach Rousseaus Schrift die Zahl entsprechender Publikationen noch einmal sprunghaft anstieg, so mangelte es schon zuvor keineswegs an Ratgebern und Handbüchern für den Um-

36 Johann Heinrich Pestalozzi, 1746–1827

gang mit Kindern. Erst mit den Anregungen des ›Émile‹ aber setzten sich in großem Stil wichtige Verhaltensweisen wie das Stillen, Verbesserungen der Körperhygiene oder der Verzicht auf zu starke Limitierung der kindlichen Aktivität durch. Obwohl an der Umsetzung einzelner Vorschläge durchaus interessiert, wollte Rousseau seine Arbeit nicht als eine der gewöhnlichen Gebrauchsanleitungen verstanden wissen. Einem Bewunderer, der ihm ankündigte, seinen Sohn Punkt für Punkt nach den Grundsätzen des ›Émile‹ zu erziehen, sprach er voller Sarkasmus sein Bedauern aus, und in einem Brief an den Genfer Verleger Cramer vom 13. Oktober 1764 heißt es ganz deutlich: »(...) ich kann nicht glauben, daß Sie das Buch (...) für eine reine Abhandlung über die Erziehung halten. Es ist ein recht philosophisches Buch über jenes Prinzip, das der Autor

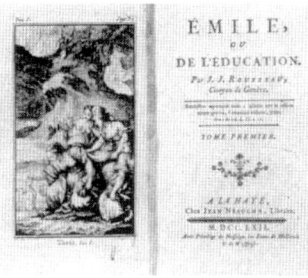

37   Erstausgabe des ›Émile‹, 1762

in anderen Schriften vorbringt, nämlich daß der Mensch *von Natur aus gut* sei.« Die argumentative Ebene neben den eigentlichen Fragen der Pädagogik dient dabei nicht etwa einer selbstzweckhaften Verdeutlichung des eigenen Systems, sondern will anhand der Analyse der menschlichen Entwicklung eine Geisteshaltung hervorbringen, die den Stellenwert der Betreuung von Kindern in einer inhumanen und artifiziellen Welt reflektiert. So liegt dann auch die größte Bedeutung von ›Émile‹ im Einfluß des Traktats auf die Grundlagen der Erziehungslehre. Erst mit Rousseaus Werk verläßt das Nachdenken über die Beschäftigung mit jungen Menschen den engen Rahmen der Frage nach der richtigen Methode des Unterrichts und widmet sich der Suche nach einem Konzept, in dem der Erwachsene den Werdegang des Kindes umfassend begleitet und der individuellen Verantwortung für dessen psychisch-moralische Integrität gerecht wird. Dabei liefert die prozessuale Rekonstruktion des Daseins, mit der ›Émile‹ die zuvor üblichen Sammlungen statischer Lehrsätze kontrastiert, trotz vieler deduktiver Elemente die formelle Vorlage für die beschreibende Entwicklungspsychologie Piagetscher Prägung, etabliert den Eigenwert des Kindesalters, das bis dahin lediglich als überwindungsbedürftige Vorform des erwachsenen und damit eigentlich menschlichen Lebens gilt, und stellt mit der Rede von einer Bildung der Seele an den Vorgaben der Natur den historisch wohl wirkmächtigsten Begriff der Pädagogik vor. Pestalozzi selbst, ein Verehrer Rousseaus und in seiner Züricher Zeit sogar mit dem Vorhaben des »Neuhofs« um eine buchstabengetreue Durchführung von dessen Anweisungen bemüht, erhob den Respekt vor den Gesetzen eines unverbildeten Inneren zum zentralen Thema seiner Lehre, gab ihn unter anderem an Herbart, Fröbel und Diesterweg weiter und machte das Gedankengut des Genfer Autodidakten auf diese Weise zum Gegenstand einer Erziehungs- und Schulreform, die bis heute in ganz Europa unmittelbar fortwirkt.

Die Abhandlung ›Vom Gesellschaftsvertrag‹

›Vom Gesellschaftsvertrag‹ erschien im selben Jahr wie ›Émile‹ und entwirft ein vierteiliges Programm, das einer moralisch noch weitgehend intakten Gemeinschaft den historischen Niedergang ersparen soll. Der Text bis zur Mitte des 2. Buches erläutert die Prinzipien, auf die ein guter Staat gegründet sein muß. Ausgangspunkt ist die Formel vom Gesellschaftsvertrag. Rousseau erklärt: Wenn jeder mit jedem vereinbart, sich dem anderen unter Aufgabe aller Rechte und ohne Vorbehalt zu unterwerfen, dann gewinnt der Teilnehmer dieses Prozesses eine Doppelstellung, die den Begriffen »Bürger«/«Untertan« entspricht. Als *citoyen* ist der Mensch Mitglied des souveränen Herrschers, als bloßer *sujet* dagegen zu Gehorsam verpflichtet. Die Lücke zwischen den beiden Daseinsformen schließt das Gesetz, sofern es bestimmten Anforderungen genügt: Alle müssen über die Rechtsnorm abgestimmt haben, sie muß für alle gelten und sich einer allgemein relevanten Angelegenheit annehmen. Liegt jedoch ein solches Gesetz vor, so folgt der einzelne nur einem selbsterteilten Befehl und damit dem eigenen Willen, den Rousseau in Verbindung mit den Äußerungen der anderen bei der Rechtsetzung den »Gemeinwillen« *(volonté générale)* nennt. In der auf diese Art geschaffenen und vom Bürger selbst gelenkten republikanischen Körperschaft vereinigen sich äußere Freiheit und seelische Unabhängigkeit mit der Gerechtigkeit, die in der rechtlich gesicherten Gleichheit der Bedingungen und der jedem garantierten Mitwirkung an den eigenen Angelegenheiten liegt. In der Mitte des 2. Buches verläßt Rousseau dann die Ebene theoretischer Darstellung und fragt nach den Bedingungen für die tatsächliche Errichtung eines richtig organisierten Gemeinwesens. Zu diesem Zweck entwickelt er die Figur des »Gesetzgebers«, der im historischen Panorama an die Stelle des böswilligen »klugen Reichen« aus dem ›Zweiten Diskurs‹ tritt. Aufgabe dieses Mannes ist es, die ratlosen Menschen mit Hilfe seines Charismas zum Eintritt in die Gesellschaft zu bewegen und dann die Stabilität der sozialen Struktur durch entsprechende Maßnahmen zu fördern. Dazu gehören etwa die Verhinderung einer zu starken ökonomischen Ungleichheit, die Überwachung der öffentlichen Meinung und die Etablierung einer Zivilreligion, die der jenseitigen Orientierung und dem universalen Humanismus des Christentums zugunsten einer strengen Fixierung auf die Erhaltung der Republik eine Absage erteilt. Diese Einrichtungen, überwiegend geschildert im 4. Buch, dienen dabei nicht mehr allein der Sicherung eines friedlichen Wettbewerbs, sondern der Herausbildung eines Gemeinsinns, der im Lauf der Zeit zur eigentlichen Motivation des Handelns wird und am Ende eine von den miteinander geteilten Sitten und Gewohnheiten geprägte Identifikation des einzelnen mit der Gesamtheit seiner Mitbürger hervorruft. Eine Zusammenschau von theoretischer Reflexion und praktischer Erwägung schließlich bringt das 3. Buch, das sich mit der Exekutive beschäftigt. Anhand der klassischen Formenlehre erläutert Rousseau, daß eine Republik in Abhängigkeit von der Zahl der Regierungsmitglieder demokratisch, monarchisch oder aristokratisch sein kann, betont jedoch die Bindung der Gesetzesausführung an den Willen des Volkes. Die Exekutive übt ihre Befugnisse also nicht etwa kraft eines (zweiten) Vertrages aus, sondern stützt sich nur auf einen jederzeit widerruflichen Auftrag der Rechtsetzenden Bürgerschaft. Vorzugswürdig erscheint in diesem Kontext die Leitung durch eine Gruppe von Patriarchen, die nach Gründung der Republik durch Wahl bestimmt werden und deren Weisheit eine sinnvolle Förderung des öffentlichen Zusammenhalts, den Vorschlag guter Gesetze und insbesondere das Desinteresse an persönlicher Macht erwarten läßt. Gleihwohl liegt hier der Keim des Verfalls, dem auch ein vorteilhaft eingerichteter Staat auf Dauer nicht entgeht. Rousseaus Kulturpessimismus setzt sich mit der Annahme durch, daß eines Tages der Einzelwille über den Gemeinwillen triumphiert und die Regierung die Legislativgewalt usurpiert.

38 Immanuel Kant, 1724–1804. Gemälde von Hans Kurth, 1931, nach dem Portrait G. Doeblers von 1791

Die Abhandlung ›Vom Gesellschaftsvertrag‹ ist ein Fragment des nie verwirklichten großen Projekts über ›Politische Institutionen‹ und sicherlich das unzugänglichste Werk Rousseaus. Argumentativ schwankend zwischen den abstrakt-universalen Modellen der etablierten Vertragstheorien und einer konkret-historisch angelegten, Montesquieus Kritik am Unwandelbarkeitsdogma des Naturrechts fortführenden Sozialtechnik, zwischen der Etablierung bürgerlicher Tugend als Staatsraison und der Aufhebung aller Zwänge in einer Sitten- und Wertegemeinschaft, zwischen der eudämonistischen Prägung der Aufklärung und einer kritizistischen Vorstellung von Autonomie, wird der Text von der Forschung bis heute diametral interpretiert. Gleichwohl kommt ›Vom Gesellschaftsvertrag‹ unter allen Schriften Rousseaus vielleicht die nachhaltigste geschichtliche Wirkung zu. Dabei ist nur vordergründig von Bedeutung, daß die Aussagen des Traktats entscheidende Bedeutung für die Französische Revolution hatten und seinen Verfasser zum Gegenstand eines beispiellosen Personenkultes machten; tatsächlich litt später das Ansehen des Philosophen sogar eine Weile unter seiner Vereinnahmung durch die Ideologen des Nationalkonvents. Als wesentlich gelten muß zunächst der Widerhall, den Rousseaus Denken in den Staatslehren des deutschen Idealismus fand. Immanuel Kant etwa (siehe S. 106) entdeckte in der Konzeption einer Freiheit, die erst durch den vom Gemeinwillen gesetzlich garantierten Respekt jedes einzelnen vor der Sphäre des anderen wirklich wird, den modernen Begriff des Rechts und machte ihn zur Grundlage einer Vermittlung zwischen Selbstentfaltung und Zwang, die für das liberale Gemeinwesen noch immer maßgebend ist. Vor allem jedoch gelingt in ›Vom Gesellschaftsvertrag‹ der gedankliche Durchbruch zu einer Vorstellung, die in der abendländischen Kultur seitdem ihren festen Platz hat. Der Verzicht auf ein Grundrechtssystem, der Rückgriff auf die Gestalt des »Gesetzgebers«, der Kollektivismus in der Vision einer neuen Polis und einige exponierte Textstellen lassen angeblich eine Nähe zu »totalitären« Ansätzen erkennen, ändern aber nichts an der originären Leistung Rousseaus, dem neuzeitlichen Menschen auch im Zusammenhang des Staates zu voller Souveränität zu verhelfen. So verbrieft heute jede Verfassung der demokratischen Welt den Anspruch, mit dem der Genfer Handwerkersohn die bis dahin übliche, bereits im ›Zweiten Diskurs‹ kritisierte Konstruktion des doppelten Herrschaftsvertrags zu Fall bringt und insoweit die letzten Fesseln der mittelalterlichen Ordnung sprengt: daß alle Gewalt vom Volk ausgeht.

hatte den bekannten Einsiedler bereits mehrfach eingeladen, jedoch stets Absagen erhalten. Nun aber blieb Jean-Jacques nichts anderes übrig, als die Bekanntschaft des herzoglichen Paars zu akzeptieren und zu Gegenbesuchen vorstellig zu werden. Die ›Bekenntnisse‹ räumen ein, daß der Respekt des strengen Literaten bei dieser Gelegenheit schnell errungen war. »Kaum hatte ich sie gesehen, als ich ihr auch schon zu Füßen lag«, beschreibt das Werk die Reaktion auf die erste Begegnung mit Madame de Luxembourg. Mochte sich bei der Beziehung zu der schönen, geistreichen Dame die Sympathie mit dem Reiz der Unterwerfung mischen, so beruhte die Freundschaft mit dem Herzog, der unter der Abwertung des Adels im Absolutismus litt und sein Dasein als Relikt einer vergangenen Epoche ansah, offenbar vor allem auf einem Gefühl innerer Verbundenheit. In jedem Fall aber verwandelte der Kontakt zum Haus Luxembourg in kurzer Zeit Rousseaus gesamtes soziales Umfeld. Verbrachte der Eremit bis dahin die meiste Zeit allein oder mit ländlichen, bisweilen etwas kauzigen Bekannten, so pflegte er jetzt Umgang mit den angesehensten Personen des Landes, denn der Herzog, Vertrauter des Königs und Marschall von Frankreich, stellte ihn nach und nach seinen adligen Freunden vor. In Paris

Immanuel Kant entwarf unter anderem 1781 in der ›Kritik der reinen Vernunft‹ ein bahnbrechendes System, das Ursprung und Grenzen menschlicher Erkenntnis neu definiert, und entwickelte 1788 in der ›Kritik der praktischen Vernunft‹ mit dem sogenannten »kategorischen Imperativ« eine für die heutige Diskussion maßgebliche, universal gültige moralische Norm für das menschliche Verhalten. Rousseaus Theorien über das Wesen von Recht und Freiheit, den fehlenden Zusammenhang von Zivilisierung und Moralisierung und die Bedeutung des Selbstbewußtseins für den Erkenntnisprozeß hatten starken Einfluß auf Kants Werke.

kommentierte man den Verkehr des Mannes, der stets als Kritiker von Ungerechtigkeit und Luxus auftrat, mit den Vertretern der privilegierten Stände voller Hohn, doch Rousseau fühlte sich keineswegs unwohl. In der Autobiographie zählt er stolz seine illustren Gesprächspartner auf, beharrt daneben aber auf dem Fortbestand seiner Unabhängigkeit. In der Tat belegen die Briefe aus dieser Zeit, daß Rousseau seine Vorwürfe gegenüber den Reichen und Mächtigen eher noch verschärfte und auch materielle Unterstützung wiederholt und in manchmal beleidigendem Ton zurückwies. Gleichwohl ließen sich die Förderer des launischen Philosophen in ihrem Wohlwollen kaum erschüttern. Insbesondere die Familie von Luxembourg bot immer wieder ihre Hilfe an und hatte schließlich Erfolg: Rousseau akzeptierte das Angebot, Ende Mai das sogenannte »Petit Château«, eine elegante Villa im Park des Schlosses von Montmorency, zu beziehen, um die nötigen Reparaturen an seinem bisherigen Quartier zu ermöglichen.

Als der Marschall und seine Gattin im Sommer des Jahres wieder nach Montmorency kamen, fanden sie ihren Gast in guter Verfassung. Rousseaus Gesundheit war stabil, er genoß die schöne Umgebung und arbeitete engagiert an seinen Werken. Da das herzogliche Paar die Bitte, ihn möglichst wenig zu behelligen, vollständig respektierte und deshalb eine Wiederholung der Verwicklungen von La Chevrette ausgeschlossen schien, fühlte sich der Philosoph durch die Präsenz der Hausherren nicht gestört; vielmehr besuchte er sie oft und las ihnen dabei häufig aus dem Manuskript von ›Julie‹ vor. Das enge Zusammenleben jedoch währte nur kurz, denn die ungünstige Entwicklung des Krieges rief den Herzog schon im August wieder nach Paris, und Rousseau selbst kehrte am Ende des Sommers in das »Petit Montlouis« zurück. Seine Wohnsituation war nun, gemessen an seinen Ansprüchen, kaum noch zu verbessern. Mathas hatte ihm bei der Instandsetzung des Hauses freie Hand gelassen, und so bezog er jetzt ein Domizil, das seinen

Alles, was aus den Händen des Schöpfers kommt, ist gut; alles entartet unter den Händen des Menschen. Er zwingt einen Boden, die Erzeugnisse des anderen zu züchten, einen Baum, die Früchte eines anderen zu tragen. Er vermischt und verwirrt Klima, Elemente und Jahreszeiten. Er verstümmelt seinen Hund, sein Pferd, seinen Sklaven. Er erschüttert alles, entstellt alles – er liebt die Mißbildung, die Monstren. Nichts will er so, wie es die Natur gemacht hat, nicht einmal den Menschen.

(*Émile*)

39 Rousseau und Thérèse beim Frühstück im 1792 abgerissenen »Petit Château«. Stich von Jean-Jacques-François Le Barbier

Wünschen entsprach. Da er die Schlüssel für die Villa im Schloßpark behielt und bei seinen gelegentlichen Besuchen im Pariser Palast der Familie Luxembourg stets einige Zimmer für sich reserviert wußte, konnten Gefühle der Bevorzugung nicht lange ausbleiben. Mit charakteristischer Übertreibung formuliert Rousseau: »Ich war damals vielleicht der am besten und angenehmsten wohnende Privatmann in Europa.« (B)

Die wenig erfreulichen Ereignisse des folgenden Jahres warfen im Herbst und Winter ihre Schatten voraus. Jean-Jacques' Krankheit machte sich wieder bemerkbar und setzte ihm so zu, daß er für eine Weile völlig mit sich selbst beschäftigt war. Sogar die Briefe aus dieser Zeit, die Trauerfälle in seiner Bekanntschaft betrafen, widmeten sich oft instinktlos den eigenen Leiden. Mit Beginn des Frühjahrs 1760 klangen die Beschwerden ab, und Rousseau hatte Sinn für seine Gastgeber, die über die Ostertage wieder nach Montmorency kamen. Obwohl das Verhältnis zu der adligen Familie weiter ungetrübt war und man auch die Lesungen – diesmal aus ›Émile‹ – fortsetzte, wollte sich die harmonische Stimmung des vergangenen Jahres nicht ganz einstellen. Ein wichtiger Grund dafür lag in der steten Klage Rousseaus über die Verzögerung beim Druck seines Briefromans. Seit Januar stand er ständig in Verbindung mit Rey in Amsterdam und erfuhr mit

Welch guten Milchkaffee trank ich dort allein mit meiner Thérèse! Meine Katze und mein Hund leisteten uns Gesellschaft. Dies Gefolge hätte mir für mein ganzes Leben genügt, ohne daß ich je einen Augenblick Langeweile empfunden hätte. Ich war dort im irdischen Paradies.
Rousseau über die Säulenhalle des »Petit Château« (B)

jedem Schreiben des Verlegers von neuen Problemen. Ferien, Streiks und fehlendes Material machten seinem Landsmann zu schaffen, dazu kamen Probleme mit den Abbildungen des Werkes, zahlreiche Fehler in den Korrekturbögen und die schleppende Kontrolle der Pariser Zensurbehörde. Bald schon mußte Rousseau einsehen, daß die für den kommenden Herbst geplante Veröffentlichung nicht zu realisieren war. Während er versuchte, sich mit dieser Lage anzufreunden, erreichte ihn eine Nachricht, die weiteren Grund für Verärgerung lieferte: Eine gedruckte Fassung des ›Briefes über die Vorsehung‹ stand in Berlin zum Verkauf. Verantwortlich dafür waren die Brüder Cramer, Vertraute Voltaires aus Genf, doch dieser Sachverhalt war Jean-Jacques unbekannt. Am 17. Juni schrieb er einen Brief an den französischen Dichter, in dem die Verantwortung für die Publikation bestritten und der Adressat gebeten wird, den Hintergrund der Geschehnisse aufzuklären. Der Griff zur Feder geschah dabei nicht ohne Zögern. Rousseau war wohl bewußt, daß seine letzte Post an Voltaire, das Plädoyer gegen das Schauspiel, eine offene Kampfansage darstellte, denn der große Dramatiker, der inzwischen mehrere Güter im Umland von Genf besaß und dort auch Theaterstücke aufführen ließ, hatte den umstrittenen Vorschlag d'Alemberts selbst initiiert. Offensichtlich versuchte Rousseau in seinem Schreiben, diesen Konflikt auszuklammern, doch schließlich brachen sich seine Aversionen Bahn. Wie schon anläßlich der Schauspielkritik, so schwieg Voltaire auch jetzt, nannte Rousseau aber gegenüber Vetrauten fortan nur noch einen »Scharlatan«, »Wahnsinnigen«, »Schurken« oder »kleinen Affen« und begab sich damit auf das Niveau des Philosophen, der den Dichter schon seit geraumer Zeit als »Kasper« oder »Narr« bezeichnete. Die Beziehung der beiden Männer war emotional auf einer Ebene angelangt, die jedes rhetorische Genie verstummen ließ, doch sie sollte erst einige Jahre später ihren wahren Tiefpunkt erreichen.

Sie sind es, dessentwegen ich, der Tröstung aller Sterbenden beraubt, auf fremder Erde sterben muß und ehrlos auf einen Schindanger geworfen werde, während Sie – ob lebendig oder tot – in meinem Land aller Ehrungen teilhaftig werden, die je ein Mensch erwarten kann. Mit einem Wort, ich hasse Sie (…). *Rousseau an Voltaire, 17. Juni 1760*

Mit Beginn der zweiten Jahreshälfte kehrte Rousseau zu seinen eigentlichen Plänen zurück. Er arbeitete nun wieder regelmäßig an seinen Schriften, kopierte Noten, besuchte einige Male die Familie von Luxembourg, die in diesem Sommer von den Pflichten des Herzogs in Paris festgehalten wurde, empfing neben Condillac und einigen adligen Bekannten auch seinen Freund Toussaint-Pierre Lenieps, der 1731 wegen heftiger Kritik am Patriziat aus Genf verbannt worden war, und trieb im Kontakt mit Amsterdam die Publikation des Briefromans voran. Als der Sommer zu Ende ging, rückten die Bemühungen um die Geschichte von Julie und St. Preux dann ganz in den Vordergrund. Zahlreiche Schreiben mit Beschwerden, Fragen und Entschuldigungen gingen zwischen Autor und Verleger hin und her, doch endlich gelang es dem unermüdlichen Rey, den pedantischen Philosophen zufriedenzustellen und das Werk in Druck zu geben. Je näher der Termin für die Auslieferung rückte, desto stärker spürte man die Spannung, die sich der literarisch interessierten Kreise in der französischen Hauptstadt bemächtigte. Im Spätherbst schon gingen Berichte und Gerüchte über Stil und Inhalt des Buches von Mund zu Mund, denn Rousseau hatte es neben Madame de Luxembourg auch Sophie d'Houdetot und Duclos zugänglich gemacht und die Erlaubnis erteilt, davon zu sprechen oder aus einer Abschrift vorzulesen. »Ganz Paris war ungeduldig, diesen Roman zu sehen«, heißt es in den ›Bekenntnissen‹, doch während der Text noch vor Jahresende in Deutschland und England erschien, mußten die Leser an der Seine ihre Neugier zügeln. Zwar verließ die erste Auflage schon am 22. November Amsterdam in Richtung Süden; sie traf aber nicht, wie erhofft und von Malesherbes genehmigt, Mitte Dezember, sondern erst einen Monat später in Paris ein. Ende Januar 1761 schließlich war ›Julie‹ bei den Buchhändlern in der Rue Saint-Jacques und im Palais Royal erhältlich, und gleichsam über Nacht geriet Rousseau wieder in den Mittelpunkt des europäischen Kulturinteresses.

Ihre Aushängebögen enthalten eine Reihe schwerer Schnitzer, mehrere ergeben sogar einen entgegengesetzten Sinn, worüber ich untröstlich bin, und was noch mehr verwundert, ist dies, ich bin sicher, daß manche gar nicht auf den Korrekturbögen waren. Ich nehme an, daß sie beim Umbruch entstanden sind. So lächerlich es nun auch sein mag, eine Druckfehlerberichtigung einem Roman beizufügen, ich sehe voller Kummer, daß wir nicht einfach darüber hinweggehen können.
Rousseau an Marc-Michel Rey, 14. September 1760

Auf der Flucht

Ihre ›Julie‹ ist das schönste Buch, das es auf der Welt gibt«, erklärte Madame de Luxembourg am 18. Februar 1761 in einem Brief an Rousseau und nahm damit das Urteil vieler tausend Menschen in ganz Europa vorweg. Das Werk wurde den Buchhändlern förmlich aus den Händen gerissen; allein Rey verkaufte innerhalb eines halben Jahres die für damalige Verhältnisse unglaubliche Zahl von 3500 Exemplaren. Da die Nachfrage nicht zu befriedigen war, gingen findige Geschäftsleute bald dazu über, den Text stundenweise gegen Bezahlung zu verleihen oder zur weiteren Veräußerung zu kopieren. Autor und Verleger verloren schnell die Kontrolle über diese Vorgänge, und so

40 Julie und St. Preux auf den Felsen von Meillerie. Gemälde von Schall

erlebte ›Julie oder Die neue Héloïse‹ bis zum Ende des Jahrhunderts mehr als einhundert Ausgaben, deren überwiegende Zahl sich auf keinerlei Autorisation berufen konnte. Während Rey durch die Schrift zu einem reichen Mann wurde, stieg Rousseau mit seiner Arbeit zur zentralen Figur der französischen Literatur auf. Rückblickend liegt dabei seine eigentliche Leistung weniger in der Intensität der Gefühlsschilderungen, die die Leser – vor allem die weiblichen – zu Tränen rührten, denn die literarische Ära der Emp-

---

Der **Titel des Briefromans** lautet vollständig ›Julie oder Die neue Héloïse. Briefe zweier Liebenden aus einer kleinen Stadt am Fuße der Alpen‹ und spielt auf die Beziehung von Peter Abälard (1079–1142) und Héloïse (1101–1164) an. Der bedeutende französische Philosoph pflegte ein Liebesverhältnis zu seiner Schülerin, das nach den Konventionen der frühscholastischen Gesellschaft unzulässig war. Abälard hat die Entwicklung und das Scheitern der Verbindung in einem fiktiven Schriftwechsel mit Héloïse verarbeitet.

findsamkeit neigte sich zu dieser Zeit bereits ihrem Ende zu; sieb-
zehn Jahre später schon sollte Goethe, dessen ›Leiden des jungen
Werthers‹ den Briefen über Julies Leben so viel verdankt, mit der
Satire ›Der Triumph der Empfindsamkeit‹ die oft mangelnde Authentizität dieses Stils entlarven. Historisch von überragender
Bedeutung jedoch ist Rousseaus Roman für das Verhältnis des
Menschen zu der ihn umgebenden Welt. Tatsächlich fehlte dem
Individuum der Neuzeit bis dahin gewöhnlich der Sinn für eine nähere Beschäftigung mit der nicht kultivierten Natur. Geprägt durch
die barocke Bewunderung für geometrisch-mathematische Strukturen, galt ihm allein die überschaubare, symmetrische Form als ge-
fällig und human, eine riesige, regellose Szenerie wie die Kette der
Alpen dagegen von vornherein als befremdlicher Ausdruck fehlen-
der Ordnung. Rousseaus Darstellung aber, die vor allem Einflüsse
Petrarcas und des Berner Dichters Albrecht von Haller aufnimmt
und mit großer rhetorischer Macht eine detailliert illustrierte Landschaft zur Reflektions- und Projektionsfläche seelischer Vorgänge
erhebt, öffnete einer ganzen Generation die Augen für die Ästhetik
des Ursprünglichen und schuf auf diese Weise die Grundlagen für
eine Naturbegeisterung, die heute selbstverständlich erscheint.

Abgesehen vom Erfolg seines Buches hielt das Jahr kaum Erfreu-
liches für Rousseau bereit. Obwohl er von Rey vergleichsweise kor-
rekt behandelt wurde und oft selbst für die Probleme bei der
Drucklegung seiner Werke verantwortlich war, kündigte er seinem
Landsmann Mitte Februar verärgert die Zusammenarbeit auf und
wandte sich dem Pariser Verleger Duchesne zu. Da Rousseau
schon seit einiger Zeit erwog, das Schreiben ganz aufzugeben, lag
ihm nun an einer reibungslosen Kooperation und einem angemes-
senen Ertrag aus seinen letzten Schriften. Trotz der Vermittlung
von Madame de Luxembourg aber kamen die Verhandlungen über
›Émile‹ und einige kleinere Werke nur schleppend voran, und Jean-
Jacques geriet zunehmend in Zweifel über die Realisierbarkeit sei-

In Hinblick auf den **Fortgang der
Kulturgeschichte** nimmt ›Julie‹ einen
buchstäblich epochalen Rang ein.
Dem überwältigenden Erfolg des
Buches beim Publikum kontrastierte
die fast einhellige Ablehnung durch
die europäische Kritik, die in der
Regel allein an den didaktischen, den
Themenkanon des Verfassers aufneh-
menden Passagen Gefallen fand und
das Werk im übrigen der kurzlebigen
Massenliteratur zuordnete. Dieser
Mangel an Weitsicht lag gewissermaßen im Wesen der Sache, denn
der Text verarbeitet eine Reihe von
Elementen, deren Zeit als gedankliche Bezugsgrößen noch gar nicht
gekommen war. So blieb es zunächst

ner Rückzugspläne. Selbst der Kontakt zum Haus Luxembourg war diesmal kaum geeignet, die gedrückte Stimmung des Philosophen zu heben. Voller Sorge sah er, daß die Gesundheit des Marschalls durch den katastrophalen Kriegsverlauf, die vielen Pflichten bei Hof und den plötzlichen Verlust des einzigen Sohnes langsam verfiel. Schließlich blieb bei Beginn der wärmeren Jahreszeit auch noch die erwartete Besserung von Rousseaus eigener körperlicher Verfassung aus. Nach einer kurzen Atempause im Mai verschlechterte sich sein Zustand sogar, und Mitte Juni glaubte er das Ende nahe. Da sich der Herzog und seine Gattin zu dieser Zeit in Montmorency aufhielten, zog der kranke Literat mit seinem Haushalt in das »Petit Château«, wo ihn die adlige Familie zuvorkommend betreute. Gerührt berichtet Rousseau, daß Monsieur de Luxembourg es sich nicht nehmen ließ, ihm während einer schmerzhaften Sondierung durch den bekannten Chirurgen Frère Côme persönlich beizustehen. Der mißtrauische Philosoph hatte der Operation nur auf inständiges Bitten des Marschalls zugestimmt; dennoch dürfte ihm angesichts seiner Todesangst das Ergebnis des Eingriffs nicht unlieb gewesen sein. Die ›Bekenntnisse‹ geben das Urteil des Arztes mit den Worten wieder: »Er fand die Blase groß und in gutem Zustand und erklärte mir schließlich, daß ich viel leiden und lange leben würde.«

Sehr geschwächt, aber mit neuem Mut, widmete sich Rousseau im Sommer überwiegend den Vorarbeiten für eine Sammelausgabe seiner Werke, deren Herausgabe er Moultou anvertrauen wollte, und seiner umfangreichen Korrespondenz. Einer der wichtigsten Briefpartner in dieser Zeit war dabei Duchesne, denn die Gespräche über die Publikation von ›Émile‹ standen kurz vor ihrem Abschluß. Ende August schließlich erhielt Rousseau den Vertrag, doch obwohl ihn die finanzielle Seite des Angebots durchaus zufriedenstellte, konnte er ein ungutes Gefühl nicht unterdrücken. Anders als die Mehrzahl seiner Zeitgenossen lehnte es der

dem bürgerlichen Mittelstand vorbehalten, mit seiner intuitiven Begeisterung für die Verklärung der Vergangenheit, das Lob der Individualität und den Rückzug in die Welt des Traums ein Dokument zu würdigen, das wesentliche Züge einer erst vierzig Jahre später etablierten Weltsicht vorwegnimmt und daher mit einem

Begriff bezeichnet werden muß, den das Rokoko selbst nur in seiner ersten Bedeutung »romanhaft« – verwendet: romantisch (frz. *romantique*).

stolze Mann ab, seine Schriften anonym oder unter falschem Namen erscheinen zu lassen, und so gebot eigentlich die Klugheit, ein Buch mit einem potentiell kontroversen Inhalt wenigstens im Ausland zu veröffentlichen. Da aber Malesherbes selbst den Kontrakt überprüfte und sogar einige Änderungen zugunsten des Autors vornahm, schob Rousseau seine Bedenken beiseite. Er berichtet: »Diese Gewißheit, daß mein Vertrag mit Zustimmung und unter den Augen der Behörde geschlossen worden war, ließ mich vertrauensvoll unterzeichnen.« *(B)*

Von nun an galt Rousseaus ganzes Interesse einer raschen Vorstellung des ›Émile‹ in der Öffentlichkeit. Bereits knapp acht Wochen nach Abschluß der Vereinbarung beschwerte er sich bei Duchesne erstmals über dessen angeblich besonders langsame Arbeitsweise, und diese Klagen nahmen im Verlauf des Winters pathologische Züge an. Tatsächlich versteifte sich Rousseau auf die Vorstellung, die Jesuiten wollten sein Buch und die darin enthaltenen religiösen Ansichten unterdrücken und kontrollierten auch seinen Verleger. Diese Auffassung war mehr als abwegig, denn im Zuge der Entsolidarisierung, mit der alle Kräfte der französischen Monarchie auf den drohenden Zusammenbruch des Landes reagierten, mußte der weltoffene Orden dieselben Repressionen durch die katholische Orthodoxie hinnehmen wie etwa die Protestanten. Selbst das amtliche Verbot der Regularkleriker Mitte November konnte den Philosophen nur kurzfristig von seiner Meinung abbringen, und erst die gemeinsamen Anstrengungen von Madame de Luxembourg, Duchesne und Malesherbes beruhigten die Lage. Rousseaus Kräfte aber waren nach der Anspannung der vergangenen Wochen fast völlig erschöpft. Gequält von seiner Krankheit, dem abgebrochenen Ende eines Katheters und einem schlechten Gewissen gegenüber Duchesne, erwog er anscheinend für kurze Zeit ernsthaft einen Schritt, über den ein nie abgesandtes Schreiben Auskunft gibt: den Freitod (Brief an Paul-Claude Moultou, 23. Dezember 1761).

O Julie, o Saint-Preux, o Claire, o Eduard! Welchen Himmelskörper bewohnen eure Seelen, und wie kann ich mich mit euch vereinen? Monsieur, sie sind die Kinder Ihres Herzens, Ihr Geist hätte sie nicht so erschaffen, öffnen Sie es mir also, dieses Herz, daß ich in ihm die Tugenden leben sehe, deren Abbild allein mich so süße Tränen vergießen ließ.

Paul-Claude Moultou an Rousseau,
7. März 1761

Tröstlich war in den letzten Monaten des Jahres wohl allein die Aussöhnung mit Rey. Der Verleger beschäftigte sich mit den Vorbereitungen zum Druck der Abhandlung ›Vom Gesellschaftsvertrag‹, die Rousseau ihm noch vor dem Zerwürfnis versprochen und Anfang November übersandt hatte, und dabei scheint es zu einer erneuten Annäherung der beiden Männer gekommen zu sein. Jedenfalls akzeptierte der Philosoph das Angebot Reys, Thérèse eine Pension auszusetzen, und entsprach später sogar dem Ansinnen, die Patenschaft für ein Kind seines Landsmannes zu übernehmen. Möglicherweise war das wiedergefundene Wohlwollen gegenüber dem Verleger dann auch dafür verantwortlich, daß der alternde Literat den mutigen Vorschlag in einem Brief aus Amsterdam nicht sogleich ablehnte. Rey erklärt im Zusammenhang mit Überlegungen zu einer vollständigen Ausgabe von Rousseaus Schriften: »Ich wage, Sie um etwas zu bitten, das ich schon lange vorhabe, das mir und der Öffentlichkeit sehr angenehm wäre: das wäre Ihr Leben, das ich Ihren Werken voranstellen würde.« (Marc-Michel Rey an Rousseau, 31. Dezember 1761)

Das neue Jahr begann nicht sehr verheißungsvoll. Zwar ging das Traktat ›Vom Gesellschaftsvertrag‹ Mitte Januar in Druck, doch um Rousseaus Gesundheit war es schlecht bestellt, die Arbeiten an ›Émile‹ machten seiner Ansicht nach keine ausreichenden Fortschritte, und immer mehr Hinweise auf die intolerante Stimmung in Frankreich erreichten Montmorency. Diejenigen, die dem Voltaireschen Modell eines »aufgeklärten Despotismus« mißtrauten und die *parlements* als mögliche Faktoren einer Gewaltenbalance im Sinne Montesquieus ansehen wollten, mußten erleben, wie diese Körperschaften im Südwesten des Staates profilierte Calvinisten folterten und hinrichteten, und in Paris konnte Claude-Adrien Helvétius, der Autor des radikal materialistischen Werkes ›Über den Geist‹, körperlichen Sanktionen nur durch den Widerruf seiner Lehren entgehen. Obwohl Moultou ihn davor warnte, mit den Aussagen

Drei Monate lang habe ich nach Ihrem Buch gefiebert, es war in der Hauptstadt kaum aufzutreiben, die Auflagen sind dort im Handumdrehen verschwunden, man riß es sich aus den Händen, in der Provinz mußte man lange warten, endlich besitze ich es, nie wird es wieder meine Bibliothek verlassen. O Julie! O Claire! O Saint-Preux! Wohlachtbare, ehrwürdige Kinder eines Vaters, als dessen Heimat Genf sich rühmen kann und den ganz Europa bewundert (…).

Louis François an Rousseau, 24. März 1761

des »Glaubensbekenntnisses« den Zorn von Atheisten und Strenggläubigen gleichermaßen herauszufordern, wähnte Rousseau seine Person als solche völlig sicher vor Attacken. Allein die positive Aufnahme des Erziehungsromans, den er für das beste seiner Werke hielt, schien ihm zunehmend fraglich. Die Idee jedoch, wenigstens die Bände mit den heiklen Passagen in Holland zu publizieren, war nicht mehr zu realisieren, und so schickte sich Rousseau nach einem Besuch von Malesherbes, der beruhigend auf ihn einwirkte, in das Unvermeidliche. An Rey schreibt er am 25. Februar 1762: »(...) es ist besser, alles dem Schicksal zu überantworten und die Dinge ihren Lauf nehmen zu lassen.«

Anfang April erschien die Abhandlung ›Vom Gesellschaftsvertrag‹ in Amsterdam, und etwa sechs Wochen später konnte Rousseau auch die ersten Exemplare des ›Émile‹ an seine Bekannten in Paris verteilen. Da der Verleger Néaulme, der in Amsterdam eine lizenzierte Ausgabe des Erziehungsromans herstellte, bereits im Februar über ein mögliches Verbot des Buches in den Niederlanden geklagt, Madame de Créqui Anfang Mai dringend zur Flucht aus Frankreich geraten und Malesherbes kurz vor der Publikation alle das Werk betreffenden Briefe von den Adressaten zurückgefordert hatte, zeigte sich der Literat von Montmorency kaum beunruhigt, als d'Alembert sein Dankesschreiben nicht unterzeichnete, Madame de Boufflers um die Rücksendung ihres Billetts bat, ein Teil der bedachten Personen die Lektüre vorsichtshalber verschob und enge Vertraute aufgeregt über mögliche Zufluchtsorte debattierten. Selbst die Anordnung, alle Exemplare des pädagogischen Traktats zu konfiszieren, mit der sich der verunsicherte Malesherbes am 1. Juni dem Druck von Staat und Kirche beugte, konnte Rousseau nicht von einer Gefahr für seine Freiheit oder sein Leben überzeugen. In den ›Bekenntnissen‹ gesteht er: »Bei den Albernheiten, mit denen man mir ständig in den Ohren lag, war ich versucht zu glauben, die ganze Welt sei toll geworden.«

Weit davon entfernt, mich zu fürchten und verborgen zu halten, ging ich jeden Morgen auf das Schloß und machte nachmittags meinen (...) Spaziergang. Am 8. Juni, dem Vorabend des Haftbefehls, machte ich ihn mit zwei Professoren von den Oratorianern (...). Wir nahmen nach Champeaux einen kleinen Imbiß mit (...). Wir hatten Gläser vergessen und ersetzten sie durch Strohhalme, mit denen wir den Wein aus der Flasche sogen. Wir bemühten uns, die dicksten Halme zu wählen, um die Flüssigkeit besser aussaugen zu können. Ich bin nie in meinem Leben so ausgelassen gewesen. *(B)*

Am Abend des 8. Juni ging Rousseau zu Bett, las seiner Gewohnheit entsprechend noch einige Seiten in der Bibel und löschte dann das Licht. Mitten in der Nacht riß ihn ein Geräusch aus dem Schlaf. Erschrocken fuhr er hoch und blickte in das verstörte Gesicht Thérèses, die durch einen Boten von Madame de Luxembourg geweckt worden war. Rousseau erfuhr, daß das Pariser Parlament in den nächsten vierundzwanzig Stunden den ›Émile‹ offiziell verurteilen und einen Haftbefehl ausstellen, bei einer Flucht des Autors jedoch auf eine Verfolgung verzichten würde. Betroffen, aber leidlich gefaßt, kleidete sich der Philosoph an und eilte hinüber zum Schloß, wo der Herzog und seine Gattin ihn erwarteten. Nach kurzer Beratung beschloß Rousseau, der die Konfrontation mit den Autoritäten wohl durchaus in Betracht zog, auf seine Förderer Rücksicht zu nehmen und das Land umgehend zu verlassen. Im Laufe des folgenden Vormittags besprach er die Verwaltung seines Besitzes mit Thérèse und vertraute dem Marschall die Durchsicht seiner Papiere an. Als die Zeit der Abreise gekommen war, begleitete Monsieur de Luxembourg seinen Freund noch bis zum Portal des Schloßparks.

Das Ziel des Flüchtlings war Yverdon am See von Neuchâtel, der Wohnort von Daniel Roguin, einem Schweizer Bankier im Ruhestand, der seinen prominenten Freund ohnehin schon lange um einen Besuch gebeten hatte. Während der Reise ins Waadtland (Vaud), die fünf Tage dauerte, begann die Ächtung Rousseaus in Europa konkrete Gestalt anzunehmen. Am ersten Tag der Flucht erklärte das *Parlement* von Paris den Erziehungsroman, dessen Druck nie förmlich von der Zensur genehmigt worden war, zu einem ketzerischen und subversiven Traktat und verlangte neben der Festsetzung des Verfassers auch die Verbrennung aller Exemplare. Malesherbes, der sich selbst über sein zweideutiges Verhalten und die falsche Einschätzung der politischen Entwicklung ärgerte, hatte Duchesne durch eine Warnung ermöglicht, den Groß-

Ich habe in meinem Leben kaum je einen so bitteren Augenblick gehabt wie bei dieser Trennung. Die Umarmung war lang und stumm; wir fühlten beide, daß diese Umarmung ein letztes Lebewohl sein würde.

Rousseau über den Abschied
von Monsieur de Luxembourg (B)

teil der Bücher zu verstecken, und so gingen bei der zeremoniellen Vernichtung des Werkes am 11. Juni nicht allzu viele Seiten in Flammen auf. Gleichwohl kam der Maßnahme der französischen Behörden eine Art Signalwirkung zu, der sich andere Staaten nicht entziehen konnten. Selbst das liberale Holland setzte ›Émile‹ auf den Index, und schon bald sollte offenbar werden, daß auch Genf seinem berühmten Sohn die Solidarität verweigerte. Rousseau aber glaubte sich in jedem Fall der Verfolgung durch religiöse Eiferer enthoben, als er die Berge des Jura überquerte und seine Kutsche das Gebiet der Schweiz erreichte.

Die Illusion währte etwa drei Wochen. Der Kanton Vaud gehörte zum Einflußbereich der deutschsprachigen Republik Bern, deren örtliche Repräsentanten den Flüchtling zunächst auch freundlich begrüßten. Dann aber schlug die Stimmung um, und wesentlich verantwortlich für diesen Wandel war Rousseaus Heimat. Das Genfer Patriziat und seine Anhänger fühlten schon seit dem ›Zweiten Diskurs‹ und dem ›Brief an d'Alembert über das Schauspiel‹ wenig Sympathie für den streitbaren Landsmann, und die Verbindung von Atheismus und Tugend in der Figur Wolmars aus ›Julie‹ hatte auch den städtischen Klerus verärgert. Als nun Frankreich offen gegen Rousseau vorging, folgten die führenden Interessengruppen der calvinistischen Republik dem Verhalten der katholischen Monarchie. Auf einer Sitzung des Kleinen Rates am 18. Juni wurde

41   Rousseau passiert die Schweizer Grenze. Stich von Jean-Jacques-François Le Barbier

Ich stieg aus, warf mich nieder, breitete die Arme aus, küßte die Erde und rief in meinem Entzücken: ›Himmel, Beschützer der Tugend, ich lobe dich, ich berühre freien Boden!‹
Rousseau über den Moment, in dem er die Schweiz erreichte (B)

beschlossen, die Schriften ›Émile‹ und ›Vom Gesellschaftsvertrag‹ wegen religionsfeindlicher Inhalte zu verbrennen und ihren Autor zu verhaften, wann immer er das Stadtgebiet betreten sollte. Zwar verzichtete man auf eine förmliche Aufforderung an Bern, ähnliche Maßnahmen zu ergreifen, doch die inoffiziellen Verbindungen erwiesen sich als völlig ausreichend. Führende Genfer schrieben an einflußreiche Bekannte in der Nachbarrepublik; das Vorbild Frankreichs tat ein übriges. Am 1. Juli machte sich der Senat von Bern die Kritik in den anderen Ländern zu eigen, erließ ein Verbot des ›Émile‹ und ordnete die umgehende Ausweisung des Verfassers an. Eine gute Woche später verließ der enttäuschte Rousseau Yverdon und wanderte über den niedrigen Gebirgszug, der das Waadtland vom Fürstentum Neuenburg (Neuchâtel) trennte. Der mittlerweile Fünfzigjährige fand auf dieser kleinen Reise im Anblick der Berge vielleicht etwas Trost, konnte dabei jedoch sicherlich kaum vergessen, daß er nicht nur in Paris, Den Haag und Bern, sondern auch in seiner Heimat öffentlich verstoßen worden war.

Die neue Wohnstätte, ein festes Gebäude mit Blick auf Wiesen und Wasserfälle, lag am Rand des kleinen Dorfes Môtiers im Tal von Travers und erschien als ideale Zuflucht für den Verfolgten. Rousseau wußte um die Zuneigung der Hauseigentümerin, einer Nichte Roguins, und die Verantwortlichen des Fürstentums, das politisch seit 1707 zu Preußen gehörte, standen im Ruf großer Liberalität. Zwar blieb dem Flüchtling ein Rest von Unsicherheit, da seine kritische Haltung gegenüber der aggressiven Staatsführung Friedrichs II. allgemein bekannt war; die Zweifel verflogen jedoch rasch, denn George Keith, Lord-Marschall von Schottland und Statthalter von Neuenburg, erwirkte in Berlin innerhalb eines Monats ein Bleiberecht für den Literaten, verbunden lediglich mit der Auflage, von Äußerungen zu religiösen Themen abzusehen. Diese Zusage trug zu Rousseaus Entspannung wohl fast ebensoviel bei wie die Ankunft Thérèses, die am 20. Juli in Môtiers eintraf. Die

> Mein teures Kind, Sie werden mit großer Freude erfahren, daß ich in Sicherheit bin. (...) Ich habe mich bei meiner Abreise und während der ganzen Fahrt mit Ihnen beschäftigt; augenblicklich beschäftigt mich die Sorge, wieder mit Ihnen zusammen sein zu können. Überlegen Sie, was Sie zu tun gedenken, und folgen Sie dabei allein Ihrer Neigung: Denn wieviel Widerwillen ich auch habe, mich von Ihnen zu trennen, nachdem wir so lange zusammen lebten, ich kann es dennoch, ohne Schaden, freilich aber mit Bedauern. *Rousseau an Thérèse Levasseur, 17. Juni 1762*

Bereitschaft, den Haushalt zu führen, und ein nicht mehr jugendliches Aussehen verliehen der gut vierzigjährigen Frau in den Augen der konservativen Bevölkerung des Fürstentums den Status einer Bediensteten, und so konnte sich der kränkelnde Philosoph ohne Furcht vor der öffentlichen Moral der Fürsorge und der angeblich phänomenalen Kochkünste seiner Gefährtin erfreuen. Wahrscheinlich empfand er die Betreuung in gewissem Sinne sogar als Geschenk, denn erst Thérèses briefliche Erklärung vom 23. Juni, ihn auch im Exil niemals zu verlassen, hatte entsprechende Sorgen aus den frühen Wochen der Flucht beseitigt.

In Genf standen die Dinge etwas besser, als das Verdikt des *Petit Conseil* vermuten ließ. Begründete das Gremium sein Urteil gegen Rousseau auch mit der Verletzung religiöser Belange, so richtete sich seine Mißbilligung doch im Grunde gegen den politischen Gehalt des Traktats ›Vom Gesellschaftsvertrag‹. Anders als in Frankreich, wo die Zensur eine Einfuhr von vornherein untersagt hatte, war das Werk im calvinistischen Stadtstaat zunächst frei erhältlich und löste mit seiner expliziten Kritik an der irregulären Verselbständigung exekutiver Befugnisse eine heftige Diskussion aus. Innerhalb der Bürgerschaft entstand eine Fraktion, die die Abhandlung Rousseaus als ideologische Vorlage im Kampf gegen das Patriziat betrachtete und den bekannten Schriftsteller gerne an der Spitze ihrer Bewegung gesehen hätte. Dem Literaten aber mißfiel die Vorstellung, einer Interessengruppe, die auch die radikale Veränderung der bestehenden Verhältnisse nicht ausschloß, als Galionsfigur zu dienen. Seine ungebrochene Liebe zu Genf ließ es nicht zu, den inneren Frieden in der Stadt gegen eine mögliche Rehabilitation durch neue Machthaber auszuspielen. Diese Haltung mußte unweigerlich zu Resignation führen, und tatsächlich beschäftigte sich Rousseau wohl bereits Anfang August mit einem Gedanken, der den letzten Besuch in der Heimat wie eine Farce erscheinen ließ: dem Verzicht auf die Bürgerrechte der Republik.

Welche Ergriffenheit, als wir uns umarmten! Wie süß die Tränen der Zärtlichkeit und der Freude sind! Wie doch mein Herz sich daran sättigt! Warum hat man mich ihrer so wenig vergießen lassen? *Rousseau über das Wiedersehen mit Thérèse (B)*

Langsam begann der Neuankömmling, sich in Môtiers heimisch zu fühlen. Auf Spaziergängen erkundete er die Wege rund um das Dorf, dessen kleine Bergbaubetriebe schon die Industrialisierung der Region ankündigten, erteilte manchmal Unterricht am Spinett und erwarb sich durch seine freundliche und freigiebige Art bald die Zuneigung der Menschen in der Umgebung. Auch die strenge calvinistische Geistlichkeit von Neuenburg akzeptierte Rousseaus Anwesenheit; der Pastor von Môtiers, Frédéric-Guillaume de Montmollin, pflegte einen

42   Friedrich II. (»der Große«), 1712–1786. Gemälde von J. G. Ziesenis, um 1763

Ruf als Mann des Geistes und war deshalb von der Bekanntschaft mit dem berühmten Genfer sogar regelrecht begeistert. Die angenehmste Erfahrung für den Flüchtling aber stellte wohl der Kontakt zu George Keith dar. Der greise Politiker, der als ehemaliger Parteigänger der Stuarts rege Sympathie für jeden undogmatischen Umgang mit religiösen Themen hegte, behandelte Rousseau mit väterlicher Güte und bot ihm nicht nur eine Pension aus Berlin, sondern auch eine testamentarische Zuwendung an. Daß der Literat diese Vergünstigungen ablehnte, tat der Freundschaft keinen Abbruch. Ähnlich wie sein neuer Schützling war der Schotte ein etwas exzentrisches Original, das sich Konventionen nur ungern beugte. So unterhielt der ledige Mann auf seiner Residenz, Schloß Colombier, eine recht ungewöhnliche Ansammlung von Personen, zu denen etwa eine muslimische Adoptivtochter, ein Tatar und ein

Es gilt diesem armen Unglücklichen [Rousseau] Erleichterung zu schaffen, da seine Sünde allein darin besteht, eigenartige Ansichten zu hegen (…). Ich werde Ihnen 100 Taler aushändigen lassen, Sie wollen ihm davon gütigst so viel geben, wie er für seine Bedürfnisse benötigt. Ich glaube, wenn man ihm Naturalien schenkt, wird er sie eher annehmen als Geld. Wenn wir keinen Krieg hätten und nicht ruiniert wären, wollte ich ihm eine Hermitage mit einem Garten errichten lassen, wo er leben könnte, wie er glaubt, daß unsere Urväter gelebt haben.   *Friedrich II. an Lord Keith, 1. September 1762*

Schwarzer gehörten. Als Rousseau beschloß, nun auch öffentlich die bequeme Tracht zu tragen, die ihm ein Schneider aus Armenien in Montmorency angefertigt hatte, paßte er offenbar so gut in das exotische Panoptikum des Lord-Marschalls, daß dieser ihn sogleich mit einem launigen »›Salamaleki!‹« *(B)* begrüßte.

Am 29. August nahm Rousseau das erstemal am Abendmahl in Môtiers teil, nachdem er sich gegenüber Montmollin schriftlich zur calvinistischen Kirche bekannt hatte. Diese Erklärung, die schnell bekannt wurde, verärgerte zwar unter anderem den antiklerikal eingestellten d'Alembert, der als einer der wenigen Pariser Intellektuellen neben Condillac und Duclos die Maßnahmen der französischen Behörden mißbilligte, brachte dem Genfer Philosophen aber enorme Popularität in seiner Heimat. So setzte sich nun etwa Oppositionsführer Deluc, dessen religiöse Strenge in striktem Gegensatz zu seiner politischen Liberalität stand, mit seiner ganzen Autorität zugunsten des Verfemten ein, und bald sprachen einige Stimmen sogar von der Option einer gefahrlosen Heimkehr. Rousseau aber blieb skeptisch, und die weitere Entwicklung gab ihm recht. Obwohl Deluc im Oktober nach Môtiers kam, um das weitere Vorgehen mit dem prominenten Flüchtling zu besprechen, scheiterten die Reformer am 21. November deutlich bei dem Versuch, die Wiederwahl des konservativen Generalstaatsanwalts Jean-Robert Tronchin zu verhindern. Die Niederlage in dieser wichtigen Angelegenheit nahm Rousseau fast alle Hoffnung auf eine Aussöhnung. Gegen Ende des Jahres schreibt er: »Ich löse mich jeden Tag weiter und weiter von Genf« (Brief an Paul-Claude Moultou, 19. Dezember 1762).

Schon seit dem Spätherbst lag Schnee in den Bergen des Jura, und Rousseau litt unter den eisigen Temperaturen. Da er vom örtlichen Bäcker die Erlaubnis erhalten hatte, eigenes Brot zu backen, war der Umgang mit den Öfen vertraut und das Haus gut geheizt, doch auf den Spaziergängen gab es wenig Schutz vor der Witte-

Rousseau gleicht dem Manne aus Äsops Fabeln, der den Vorübergehenden Ohrfeigen versetzte. Man gab ihm zu seinem Leidwesen den Rat, auch einen bekannten Blödian zu ohrfeigen, der ihm über den Weg lief, woraufhin dieser ihm alle von ihm selbst und von den übrigen Passanten empfangenen Ohrfeigen zurückgab.

Jean d'Alembert an Voltaire,
8. September 1762

rung. Die Pariser Freunde schrieben warnende Briefe, und wirklich erkrankte Rousseau im Dezember an einer schweren Grippe. Gequält von Fieber und erneuten Beschwerden beim Harnlassen, fühlte er sich dem Tod so nahe, daß er am 29. Januar 1763 ein ausführliches Testament aufsetzte, in dem alle Besitztümer und Honoraransprüche Thérèse zugedacht werden. Bedauernd notiert Rousseau in dem Dokument: »Besser kann ich die zwanzig Jahre an Pflege und Hingabe, die sie mir zukommen ließ und während der sie keine Bezahlung erhalten hat, nicht vergelten.«

Anfang Februar besserte sich sein Gesundheitszustand. Er nahm seine Spaziergänge wieder auf, verhandelte mit Guy, dem Partner Duchesnes, über eine provisorische Werkausgabe, korrespondierte, empfing Besuche und beobachtete weiter das Geschehen in Genf. Da Rousseau sich weigerte, gegenüber dem Konsistorium oder dem Kleinen Rat Zugeständnisse zu machen, und entsprechende Vorschläge von Moultou und Deluc übel vermerkte, blieb die Lage zunächst unverändert; selbst ein Besuch von Lord Keith in der calvinistischen Republik brachte keinen Fortschritt. Ende März aber eskalierte der Konflikt, denn zu diesem Zeitpunkt erschien bei Rey in Amsterdam der ›Brief an Christophe de Beaumont‹, mit dem der Autor des ›Émile‹ eine entsprechende Kritik des Erzbischofs von Paris zurückweist. Rousseau hatte das Werk des Geistlichen Ende September 1762, etwa einen Monat nach der Veröffentlichung, erhalten und trotz des Schreibverbotes aus Berlin im Laufe des Jahres eine Entgegnung verfaßt, die die Grundzüge seines philosophischen Systems enthält und sich in gemäßigtem Ton mit dem orthodoxen Katholizismus auseinandersetzt. Als die Abhandlung nicht nur in Paris und Rom, sondern auf Betreiben des französischen Statthalters innerhalb von zwei Tagen auch im protestantischen Genf verboten wurde, verlor der Flüchtling in Môtiers die Geduld mit seiner Heimat: Am 12. Mai 1763 verzichtete er in einem Brief an den *Petit Conseil* offiziell auf seine Bürgerrechte.

Während der Jahre in **Môtiers** empfing Rousseau viele Besucher, darunter Johann Kaspar Lavater, Jakob Heinrich Meister und James Boswell. Offenbar war der Philosoph trotz seiner kleinen und zierlichen Gestalt eine äußerst charismatische Erscheinung und faszinierte seine Gäste mit hell leuchtenden Augen, ausgeprägtem Humor und bisweilen ekstatisch wirkender Lebhaftigkeit. Oft hervorgehoben wird auch die Kondition, mit der der kränkelnde Mann stundenlang durch unwegsames Gelände marschierte oder kletterte und dabei seine oft viel jüngeren Begleiter an die Grenze ihrer Leistungsfähigkeit brachte.

Lord Keith verließ zu Rousseaus Bedauern Ende April Neuenburg Richtung Schottland, hatte seinem Gast zuvor aber noch die Nationalität des Fürstentums verschafft. Die Anhänger des Philosophen in Genf waren von dieser Entwicklung nicht begeistert, registrierten jedoch erfreut, daß Deluc mit dem Vorschlag einer sogenannten *représentation* in Môtiers Gehör fand. Schon einer geringen Zahl von Bürgern stand nach den Regeln der calvinistischen Republik das Recht zu, dem Kleinen Rat ihre Angelegenheiten zu unterbreiten, und so wurde Ende Mai beschlossen, die Regierung des Stadtstaates im Interesse Rousseaus mit der in der Verfassung verankerten alleinigen Zuständigkeit des Konsistoriums für Urteile in religiösen Fragen zu konfrontieren. Das ambitionierte Vorhaben blieb allerdings zunächst ohne Wirkung. Obwohl große Teile der Bürgerschaft Delucs Projekt unterstützten, wies der *Petit Conseil* den Hinweis auf seine fehlende Kompetenz für theologische Angelegenheiten zweimal in knapper Form zurück. Erst durch eine dritte *représentation*, eingereicht am 20. August und ergänzt um die Behauptung, nur dem Allgemeinen Rat stehe die Auslegung der Gesetze zu, ließ sich das Gremium provozieren und verfaßte eine ausführliche Antwort, in der es auf seiner Befugnis zur selbständigen Verwerfung jeder Eingabe *(droit négatif)* beharrt. Argumentativ gestützt wurde diese Sichtweise in einer Schrift Jean-Robert Tronchins, die im September als ›Briefe vom Lande‹ erschien.

Während Rousseau immer stärker in den Machtkampf in Genf eingriff, verschlechterten sich seine persönlichen Verhältnisse. Im Sommer 1763 war er wieder so krank, daß ihn der Gedanke, freiwillig aus dem Leben zu scheiden, erneut ernsthaft beschäftigte. Gefördert wurde seine düstere Stimmung von den Sorgen um das künftige Wohl seiner Gefährtin und die Gesundheit des Herzogs von Luxembourg, dessen Briefe wenig Anlaß zu Freude gaben. Auch die Beziehung zu Môtiers scheint in dieser Zeit bereits nicht mehr ganz unbelastet gewesen zu sein. Während Thérèse, die recht

Die **Briefe vom Lande** spalteten nicht nur die Bürgerschaft in zwei Parteien, die sich als *représentants* und *négatifs* bezeichneten, sondern brachten auch Rousseau dazu, seine Zurückhaltung aufzugeben. Von Lenieps und Deluc mit Material versehen, begann er mit der Niederlegung einer Verfassungsanalyse, in der die Geschichte Genfs mit den Prinzipien seines politischen und religiösen Denkens zusammenfließt und die Position der Reformer verteidigt wird. Der Titel des Werkes, das Rousseau bis zum Frühsommer 1764 beschäftigen sollte, verarbeitet in ironischer Form Ort und Anlaß seiner Entstehung: ›Briefe vom Berge‹.

zänkisch und vorlaut sein konnte, mit der Bevölkerung des Ortes nicht zurechtkam und als Katholikin nun besonders kritisch beurteilt wurde, fühlte sich Rousseau, der das Motto *vitam impendere vero* (lat. »das Leben der Wahrheit widmen«) vertrat, unbehaglich gegenüber Montmollin. Der Geistliche hatte im Jahr zuvor den Vorwurf des Genfer Klerus, einen Ketzer zum Abendmahl zuzulassen, strikt zurückgewiesen und den schwierigen Philosophen sehr zuvorkommend behandelt, und dennoch mußte ihm die Arbeit an den ›Briefen vom Berge‹ verschwiegen werden, um jede Gefahr für das Projekt zu vermeiden. Rousseau versuchte, die Gefühle der Entfremdung zu lindern, das Tal von Travers weiter als Heimat zu betrachten und die häusliche Atmosphäre zu verbessern. Zum Ende des Winters erwarb er – wie in Montmorency – eine Katze und einen Hund, der ihm ein überaus treuer Begleiter wurde: »Sultan«.

Wenig deutete zunächst darauf hin, welch desaströse Wendung das Jahr 1764 schließlich nehmen sollte. Zwar erfuhr der Philosoph zu seiner Bestürzung Anfang Juni vom Tod Monsieur de Luxembourgs und schrieb einen peinlich wehleidigen Beileidsbrief, der die Beziehung zu der adligen Familie trotz der nachsichtigen Haltung der Witwe dauerhaft beschädigte, doch es waren auch einige positive Ereignisse zu verzeichnen. Guys einfache Sammlung von Rousseaus Werken erschien, Lord Keith, der seine Güter in Schottland verkauft hatte und wieder in Berlin lebte, setzte Thérèse eine Pension aus, und neue, interessante Menschen traten in das Leben des Literaten. So schloß er Freundschaft mit Pierre-Alexandre Du Peyrou, einem reichen calvinistischen Freimaurer, der später mit Moultou das Vermächtnis des Philosophen verwaltete, und verbrachte viel Zeit mit botanischen Exkursionen, die den Grundstein für die Passion seiner Altersjahre legten und von dem Schweizer Mediziner Jean-Antoine d'Ivernois fachkundig begleitet wurden. Die größte Bedeutung aber kam wohl dem Kontakt mit dem korsischen Offizier Matteo Buttafoco zu, der Rousseau Ende August

Jetzt erzählt man, er [Rousseau] sei erzürnt und wolle sich nach Schottland zurückziehen. Es ist sehr bedauerlich, daß dieser Mann nur einen Anschein von Tugend besitzt. Dies erklärt auch, wieso er, nachdem er unkeusch lebte und mehrere Kinder mit seiner Konkubine zeugte, diese allesamt aussetzte. Wem das ursprüngliche Gefühl der Natur abgeht, der wird auch all die übrigen nur gering achten.

Théodore Tronchin an Louis-François Tronchin,
1. Juli 1763

schriftlich bat, eine Verfassung für seine Heimat zu entwerfen. Dieses Ansinnen war nicht unbedingt seltsam, denn der Freiheitskampf der kleinen Insel, die seit 1729 gegen die von Frankreich gestützte Herrschaft Genuas rebellierte, gehörte im 18. Jahrhundert zu den populären Themen in Europa und wird auch in der Abhandlung ›Vom Gesellschaftsvertrag‹ lobend erwähnt. Durchaus angetan von der Vorstellung, selbst als Gesetzgeber aufzutreten, forderte Rousseau sogleich umfangreiche Berichte über Korsika an und erwog sogar, den Gegenstand seiner Überlegungen persönlich in Augenschein zu nehmen. Die Reisepläne scheiterten, doch soweit es die Umstände seines Lebens erlaubten, widmete sich der Philosoph in den folgenden Jahren dem Versuch, die sozialen und wirtschaftlichen Bedürfnisse der Korsen in das Konzept eines republikanischen Staates zu integrieren. 1768 aber sollten die Kräfte der Reaktion seine Pläne obsolet machen. In Absprache mit Genua besetzte Frankreich die Insel, und Rousseau gab sein Projekt auf. Der aufschlußreiche Text blieb Fragment und erschien erst 1861 unter dem Titel ›Entwurf einer Verfassung für Korsika‹.

Obwohl zu seinen gewohnten Beschwerden inzwischen noch die Schmerzen einer Ischiaserkrankung traten, unternahm Rousseau im Sommer und Herbst des Jahres einige längere Reisen, um lästigen Besuchern und der Atmosphäre in Môtiers zu entgehen. Gelegentlich begleitet von Thérèse, führte ihn sein Weg etwa ins Tal von Les Charmettes, nach Aix-les-Bains, Lyon und Thonon, wo er im August mit den Führern der Genfer Opposition zusammentraf. Bei dieser Begegnung wurden nicht nur künftige Strategien, sondern auch die notwendigen Maßnahmen für die Publikation der ›Briefe vom Berge‹ besprochen. Während Rousseau an der Schrift gearbeitet hatte, war das Projekt in seiner Korrespondenz nur unter Verwendung eines Kodes erwähnt worden, und diese Vorsicht sollte weiterhin Maßstab bleiben. Tatsächlich führten die Freunde des Philosophen den Text nach Genf ein, indem sie ihn zwei

Noch ein Land gibt es in Europa, das zur Gesetzgebung fähig ist: die Insel Korsika. Die Tapferkeit und die Beharrlichkeit, mit der dieses mutige Volk seine Freiheit wiederzuerlangen und zu verteidigen wußte, verdienten wohl, daß ein weiser Mann es lehre, sie zu bewahren. Ich habe das Gefühl, daß diese kleine Insel eines Tages Europa in Staunen versetzen wird.

(GV)

Wochen vor Weihnachten in Stoffballen versteckt an einen einge-
weihten Textilhändler sandten. Kurze Zeit später waren die Thesen
des Werkes in der Stadt in aller Munde, und inmitten der aufge-
heizten Stimmung wirkten sie wie »eine Feuersbrunst in einem Pul-
vermagazin« (François d'Ivernois an Rousseau, 21. Dezember 1764).

Die ›Briefe vom Berge‹ gewannen den Représentants, die schon
bei den Wahlen zur Besetzung verschiedener öffentlicher Ämter im
November recht erfolgreich waren, neue Anhänger, doch für ihren
Verfasser hatten sie schwerwiegende Folgen. Während sogar der
politisch eher dezente Moultou sich nun wieder uneingeschränkt
zu Rousseau bekannte, verlor der vielleicht mächtigste Gegner des
Philosophen endgültig die Kontrolle über sein Verhalten. Warum
Voltaire den fast zwei Jahrzehnte Jüngeren so feindlich behandelte,
bleibt trotz aller Differenzen zwischen den beiden Männern unklar;
wahrscheinlich spürte der inzwischen Siebzigjährige, daß er das
Monopol auf die Veränderung der Welt durch Sprache an den
Handwerkersohn aus Genf verlor. Jedenfalls forderte der Dichter,
der in den Jahren zuvor schon eine Schmähschrift gegen ›Julie‹ verfaßt, den einflußreichen Herzog von Choiseul im Glauben an vermeintliche Beleidigungen im Traktat ›Vom Gesellschaftsvertrag‹
bestärkt und Rousseau immer wieder diskreditiert hatte, jetzt von
den Autoritäten in Genf ein Verbot der ›Briefe vom Berge‹ und eine
harte Bestrafung des Autors. Als der Kleine Rat zögerte, um die
Reformer nicht weiter aufzubringen, formulierte Voltaire, der seine
Informationen wohl von Tronchin und Madame d'Épinay bekam,
anonym und im unbeholfenen Stil eines einfachen Priesters ein
Pamphlet mit dem Titel ›Die Gefühle der Bürger‹, das bald auch in
der Schweiz und Paris zirkulierte. Rousseau erhielt die Schrift am
letzten Tag des Jahres, und zwischen Beleidigungen und Lügen las
er voller Entsetzen einen höhnischen Bericht über die Tat, von der
bis dahin nur wenige Menschen wußten: die Übergabe seiner Kinder an das Findelhaus.

Wir gestehen errötend und leidvoll, daß es ein Mann ist, der die schlimmen Zeichen seiner Ausschweifungen noch an sich trägt und, als Gaukler
verkleidet, jene Unglückselige von Dorf zu Dorf und von Berg zu Berg
mit sich führt, deren Mutter er den Tod brachte und deren Kinder er vor
der Pforte eines Hospizes aussetzte, womit er ihnen die Pflege versagte,
die ihnen eine mildtätige Frau angedeihen lassen wollte; damit hat er
allen Empfindungen der Natur abgeschworen und die der Ehre und der
Religion von sich getan.   *Voltaire in ›Die Gefühle der Bürger‹, 1764*

Bei den Neujahrswahlen 1765 konnten einige liberale Kandidaten durchgesetzt werden, doch die Freude der Opposition währte nicht lange. Im Februar wurden die ›Briefe vom Berge‹ in Paris und Bern verboten, und der Genfer Regierung gelang es, die große Mehrheit der Bürgerschaft mit der Drohung geschlossenen Rücktritts zu einer Ergebenheitsadresse zu bewegen. Als das Gremium auch noch Rousseaus Antwort auf Tronchin ohne nennenswerten Widerstand zu einem staats- und religionsfeindlichen Werk erklärte, resignierte der verbannte Literat. »Ich will nicht mehr von Genf und von dem, was dort geschieht, reden hören«, schreibt er am 24. Februar an Deluc. Die Lage im Tal von Travers aber war kaum erfreulicher. Bereits Mitte des Monats hatte der Staatsrat von Neuchâtel auf Betreiben des Klerus die ›Briefe vom Berge‹ geächtet, und in Môtiers wurde die Stimmung immer feindseliger. Die schriftliche Rechtfertigung, mit der Rousseau auf das denunziatorische Pamphlet Voltaires reagierte, konnte nicht verhindern, daß die kritische Bevölkerung des Ortes in Thérèse jetzt mehr als eine bloße Haushälterin sah. Auch Montmollin ging auf Distanz, nachdem er von der heimlichen Arbeit des Philosophen für die Genfer Reformer erfuhr, und übernahm mit der Zeit die Ressentiments der anderen Geistlichen. Die Situation eskalierte, als der Pastor Anfang März erfolglos von Rousseau verlangte, dem Abendmahl fernzubleiben. Die Drohung der Exkommunikation stand unausgesprochen im Raum, doch schließlich intervenierte der Staatsrat, dessen antiklerikal eingestellte Mitglieder sich den Fall nun zu eigen machten. Rousseau wäre vielleicht bereit gewesen, noch einmal als Objekt eines innerstaatlichen Machtkampfes zu dienen, wenn er eine Chance gesehen hätte, aus dem Konflikt als Sieger hervorzugehen. Da jedoch selbst eine Fürsprache von Lord Keith in Berlin ohne großen Erfolg geblieben war, mußte Môtiers als Wohnort auf Dauer wohl ausscheiden. Wahrscheinlich erwog Rousseau schon zu dieser Zeit ernsthaft, das Tal von Travers zu verlassen, und

Dieser kleine Wichtelmann Rousseau hat ein dickes Buch gegen die Regierung geschrieben, und sein Buch entzückt die halbe Stadt. (...) Leider hat er mir dabei sehr übel mitgespielt. Er erklärt dem Rat, ich hätte ja die Predigt der Fünfzig verfaßt. Ach, Jean-Jacques, dies ist nicht Philosophenart. Denunzieren ist infam. Und einen Zunftgenossen anzuprangern und ihn derart ungerechtfertigt zu verleumden, ist abscheulich.

Voltaire an Graf d'Argental,
10. Januar 1765

eigentlich kam als Ziel nur das Land in Frage, das in Europa als Hort der Liberalität schlechthin galt: England.

Wann immer sein Gesundheitszustand es zuließ, ging Rousseau in den folgenden Monaten auf Reisen, denn der Aufenthalt in Môtiers war inzwischen unerträglich. Montmollin hatte begonnen, die Bevölkerung gezielt aufzubringen, indem er den Philosophen, der in seinem armenischen Kostüm ohnehin etwas wunderlich wirkte, in seinen Predigten mehr oder weniger unverhohlen als »Antichristen« bezeichnete. Ein entsprechendes Verbot Friedrichs II. und eine Verteidigungsschrift Du Peyrous blieben wirkungslos, und bald wurde Rousseau nach dem Kirchgang und auf Spaziergängen beleidigt, mit Gegenständen beworfen und vereinzelt sogar mit Waffen bedroht. In der Nacht des 6. Septembers schließlich, nach einem Jahrmarkt in Môtiers, durchschlugen mehrere Steine die Fenster seines Hauses, nachdem Unbekannte zuvor bereits Tür und Wände des Gebäudes beschädigt hatten. Während sich Rousseau auch in diesem Fall dem Druck nicht sogleich beugen wollte, baten ihn die verunsicherten Offiziellen des Fürstentums, umgehend ein neues Domizil zu wählen. Der Literat gab nach, überließ Thérèse die Auflösung des Haushaltes und machte sich auf den Weg zu einem Ort, mit dem er die Hoffnung verband, den schwierigen Weg nach England doch noch zu vermeiden: die Île de Saint-Pierre im Bieler See.

43   Die Petersinsel im Bieler See. Gemälde von Maximilien de Meuron

Am 9. September erreichte Rousseau in Begleitung von »Sultan« die Insel, vierzehn Tage später traf auch Thérèse mit den gemeinsamen Besitztümern ein. Auf dem winzigen Eiland existierte nur ein Bauwerk, das Haus des Steuereintreibers Engel, und dort richtete sich der Flüchtling mit seiner Gefährtin ein. Vor allem zu Beginn des Aufenthalts gab ihm die Abgeschiedenheit der Wohnung die Möglichkeit, ganz nach seinen Vorstellungen zu leben. Er botanisierte, half der Familie des Beamten bei der Pflege der Obstgärten, Weinstöcke und Felder, schrieb an seinen Erinnerungen, badete, ruderte hinüber auf die unbewohnte Nachbarinsel oder saß stundenlang am Wasser, lauschte dem Geräusch der Wellen und genoß das Gefühl, eins mit der Natur zu sein. Mit fortschreitender Zeit aber fanden sich immer häufiger Besucher aus der Umgebung ein und erinnerten Rousseau daran, daß die Welt jenseits des Seeufers noch nicht bereit war, den unbequemen Philosophen zu vergessen. Immerhin gehörte die Petersinsel zum Gebiet von Bern, und es blieb abzuwarten, ob die dortige Regierung ihr Dekret aus dem Jahr 1762 durchsetzen würde. Tatsächlich erhielt Rousseau am 16. Oktober den Befehl, das Territorium der Republik innerhalb kurzer Frist zu verlassen. Resigniert und traurig schreibt er am folgenden Tag die Zeilen: »Ich habe beschlossen, nach England zu gehen, wohin ich als erstes hätte gehen sollen« (Brief an Pierre-Alexandre Du Peyrou, 17. Oktober 1765).

44 Rousseau, Thérèse und einige Bekannte setzen Hasen auf der unbewohnten Nachbarinsel von Saint-Pierre aus. Stich von N. Monsiau

Wir brachten feierlich Kaninchen dorthin, um die Insel zu bevölkern (...). Ich besuchte sie seitdem noch öfter und mit größerem Vergnügen, um Spuren der Vermehrung der neuen Bewohner zu suchen.

(B)

Wieder galt es, Abschied zu nehmen. Rousseau übergab den Großteil seiner Papiere, darunter erste Abschnitte der ›Bekenntnisse‹, an Du Peyrou, versprach Thérèse rasche Nachricht über seinen Verbleib und verließ schweren Herzens das idyllische Eiland. Sein Plan sah vor, in Paris den schottischen Philosophen und Historiker David Hume zu treffen und mit ihm nach England überzusetzen. Dieses Vorhaben barg ein gewisses Risiko, denn der Haftbefehl der

französischen Behörden war noch immer in Kraft; allerdings erhielt Rousseau von seinen adligen Gönnern, die ihm noch in Montmorency die ersten losen Kontakte auf die britische Insel vermittelt hatten, ein amtliches Dokument, das mindestens als Passierschein gelten konnte. Mit wenig Gepäck und »Sultan« an seiner Seite gelangte der Flüchtling über Biel und Basel nach Straßburg, wo er am 2. November eintraf. Seine Ankunft blieb nicht lange verborgen, und bald überboten sich Bürger und Offizielle der Stadt mit Einladungen und Freundschaftsbeweisen; sogar ›Der Dorfwahrsager‹ wurde zu Ehren des Komponisten aufgeführt. Erst am 9. Dezember reiste Rousseau, der die freundliche Aufnahme in Straßburg nach den schwierigen Monaten in der Schweiz sehr genoß, nach Paris weiter. Als Gast des Prinzen von Conti, dessen Einfluß dem Philosophen drei Jahre zuvor die Flucht aus Frankreich ermöglicht hatte, war die Wahrung von Anonymität nicht lange möglich, und so verbreitete sich die Kunde von seiner Anwesenheit schnell in der Stadt. Bald schon mußte der überraschte Rousseau den Versuch auf-

---

Humes Erkenntnistheorie leitet im Anschluß an John Locke jede Einsicht aus der Erfahrung ab und stellt den absoluten Gewißheiten der dogmatischen Metaphysik skeptisch gegenüber (sog. Empirismus). Sie beeinflußte die Entwicklung des kantischen Kritizismus. Humes Ethik förderte die Entstehung des Utilitarismus.

45 David Hume, 1711–1776. Gemälde von Allan Ramsay, 1766

geben, Herr seiner Zeit zu bleiben. Der Prinz von Conti unterhielt ihn mit Galadiners und Konzerten, Malesherbes, Turgot, Lenieps, Buffon, Madame de Luxembourg, Madame de Boufflers und viele weitere Freunde und Bekannte baten um ein Treffen, und zahllose Verehrer und Neugierige wollten ihre Aufwartung machen.

Am 4. Januar 1766 verließen Hume und Rousseau Paris, neun Tage später erreichten sie London. Obwohl der Genfer Philosoph seinen neuen Bekannten sympathisch fand und mit ihm den calvinistischen Glauben und die Kritik an der dogmatischen Metaphysik, dem unskeptischen Rationalismus und dem starren Fortschrittsglauben der französischen Aufklärung teilte, plagten ihn wohl unterwegs einige Zweifel an der Richtigkeit seines Entschlusses. In der Tat sollte sich der Aufenthalt in England als katastrophaler Fehlschlag erweisen, und bei nüchterner Betrachtung war dieses Ergebnis schon vor Beginn der Reise abzusehen. Der Flüchtling beherrschte die Landessprache nicht, die Entscheidung über den Ort seiner Unterbringung sollte erst nach der Ankunft auf der Insel erfolgen, Edmund Burke und andere Intellektuelle des Königreichs, dessen parlamentarisches System in der Abhandlung ›Vom Gesellschaftsvertrag‹ scharf kritisiert wird, standen dem radikalen Denker vom Kontinent eher reserviert gegenüber, und Hume selbst, der an der Britischen Botschaft in Paris gearbeitet hatte, pflegte bei allen inhaltlichen Differenzen zu viele Kontakte zu den französischen Gelehrten um d'Holbach, Diderot und d'Alembert, um das volle Vertrauen des psychisch inzwischen sehr labilen Rousseau zu erlangen. Trotz dieser ungünstigen Voraussetzungen verlief die erste Zeit in London recht erfreulich. Zahlreiche wichtige Persönlichkeiten suchten den Kontakt zu dem bekannten Republikaner, der interessiert die vielen neuen Eindrücke aufnahm. Schon bald aber verlangte es Rousseau nach einem Rückzug aus der Großstadt, und damit begannen die Probleme. Wales, Isle of Wight, Plymouth, Surrey – stets schienen die Örtlichkeiten nicht ganz für ihn geeig-

---

Voltaire und alle anderen werden ganz von ihm in den Schatten gestellt (…). Sogar über seine Haushälterin (…) wird wegen ihrer Treue und Zuneigung zu ihm mehr gesprochen als über die Prinzessin von Monaco oder die Gräfin von Egmont. Allein sein Hund, nur ein Collie, hat Name und Ruf in der Welt.

David Hume an Hugh Blair,
28. Dezember 1765

net. Rousseau mußte also zunächst mit einer Unterkunft in Chiswick am Rande Londons vorliebnehmen, und seine Nervosität stieg von Tag zu Tag. Bedrängt von Menschen, die dem ausländischen Mann in seinem seltsamen Kostüm auf der Straße nachliefen, geriet er immer wieder in Panik und begann, überall die Handlanger einer Verschwörung zu sehen. Erst als ihm der wohlhabende Richard Davenport Anfang März den Landsitz »Wootton Hall« anbot, legte sich seine

46 Jean-Jacques Rousseau. Gemälde von Allan Ramsay, 1766

Aufregung. Mit Thérèse, die am 13. Februar auf der Insel eingetroffen war, bezog er das stattliche Gut im wilden, hügeligen Landstrich zwischen Staffordshire und Derbyshire. Nachbarn und Bedienstete nahmen die beiden Neuankömmlinge gut auf, und am 22. März konnte Rousseau erleichtert an Hume schreiben: »Wenn ich an diesem Zufluchtsort so glücklich lebe, wie ich erhoffe, wird eine meiner süßesten Freuden die Überlegung sein, daß ich es Ihnen verdanke.«

Am 1. April aber publizierte der ›St. James Chronicle‹ einen von Horace Walpole unter Mitarbeit von Voltaire, Helvétius, d'Holbach und anderen in Paris verfaßten imaginären Brief Friedrichs II. an Rousseau, in dem der Genfer Literat verspottet wird. Schnell erwachte in dem Flüchtling wieder die Vorstellung einer umfassenden Konspiration gegen seine Person, und Humes Bekanntschaft mit dem Autor des Textes und dem Herausgeber des Journals genügte, um alle Dämme brechen zu lassen. In einem Schreiben

Sie haben sich schlecht verstellt, ich kenne Sie, und Sie wissen das ganz genau. Ohne daß frühere Bindungen, Zwistigkeiten oder Zänkereien zwischen uns waren, ohne daß wir einander in sonstiger Hinsicht kannten, als vom literarischen Ruf her, bemühten Sie sich, mir Ihre Freunde und Ihre Dienste anzubieten; von Ihrer Großzügigkeit gerührt, werfe ich mich in Ihre Arme, Sie bringen mich nach England, dem Scheine nach, um mir ein Asyl zu verschaffen, in Wirklichkeit aber, um mir die Ehre zu nehmen. *Rousseau an David Hume, 23. Juni 1766*

vom 23. Juni unterstellt Rousseau seinem Gönner feindliche Absichten und erklärt die Freundschaft für beendet. Als der bestürzte Hume, der immerhin von der Existenz des beleidigenden Textes gewußt hatte, trotz einer Bitte um Konkretisierung der Vorwürfe nur mit vagen Verdächtigungen konfrontiert wurde, beschloß er verärgert, den Briefwechsel drucken zu lassen. Obwohl Adam Smith und die Pariser Bekannten Rousseaus sich um eine Beilegung des Disputs bemühten, erschien im Spätherbst eine entsprechende Dokumentation und brachte die englische Öffentlichkeit gegen den fremden Philosophen auf. Die Zeitungen schrieben satirische Kommentare, und eine Londoner Vorstellung des ›Dorfwahrsagers‹ ging am Schluß in den Mißfallenskundgebungen des Publikums unter. Rousseau und seine Gefährtin, die bei den Menschen in der Umgebung von Wootton wegen ihrer Freigebigkeit sehr beliebt waren, schenkten dieser Entwicklung wenig Beachtung und widmeten sich leidlich zufrieden dem ländlichen Dasein, doch gegen Ende des Jahres zog neues Unheil auf. Thérèse geriet immer häufiger mit dem Personal des Hauses in Streit, und Mitte April 1767 schlug der Konflikt in offene Feindschaft um. Rousseau, der rasch wieder auf den Gedanken an ein Komplott verfiel, beschloß umgehend, einen neuen Aufenthaltsort zu suchen. Die Vorgänge der nächsten Wochen sind im Detail nicht bekannt; die Briefe des Philosophen aus dieser Zeit allerdings bezeugen tiefe Verstörung, Angstzustände und die Vorstellung, mächtigen Gegnern ausgeliefert zu sein. Jedenfalls reiste Rousseau zunächst nach Spalding in Lincolnshire und dann weiter nach Dover, wo er sich um eine Passage nach Calais bemühte. Wegen des schlechten Wetters war eine Überfahrt zunächst unmöglich, und so mußte der verzweifelte Mann noch bis zum 22. Mai warten, bevor er wieder französischen Boden betreten konnte.

Ich will, Monsieur, aus England oder aus dem Leben scheiden, doch ich fühle nur zu gut, daß ich keine Wahl habe. Die unheilvollen Machenschaften, die ich sehe, verkünden mir das Schicksal, das mich erwartet, sobald ich nur so tue, als wollte ich mich einschiffen. Dennoch bin ich dazu entschlossen, weil alle Schrecken des Todes nichts gegen die sind, die mich umgeben. Von allen verspottet und verabscheut, erkenne ich ringsum furchtbare Zeichen, die mir mein Schicksal verkünden.

Rousseau an Henry Seymon Conway, 18. Mai 1767

Der Kreis schließt sich

Drei Tage nach seiner Rückkehr aus England erreichte Rousseau Amiens in der Picardie. Ermutigt von der freundlichen Aufnahme, die ihm dort zuteil wurde, versuchte er nicht, seine Anwesenheit in Frankreich geheimzuhalten, doch schnell rief ihm der Prinz von Conti in Erinnerung, daß sich der Zorn der Epoche noch nicht gelegt hatte. »Wie denn, obwohl ein Haftbefehl gegen Sie besteht, kommen Sie unter ihrem Namen nach Amiens«, mahnte ihn der Adlige Anfang Juni, und so verließ Rousseau wenig später heimlich und bei Nacht die gastliche Stadt. Er nannte sich nun »Jean-Joseph Renou« und verlegte seinen Haushalt am 21. des Monats nach Schloß Trye-le-Château in der Normandie. Die Besitzung des Prinzen von Conti an der Oise bei Gisors schützte Rousseau allerdings nur vor dem unmittelbaren Zugriff der französischen Autoritäten, nicht aber vor den Ängsten, die seinem getrübten Urteilsvermögen entsprangen. Kaum mehr in der Lage, vollständig zwischen realer Bedrohung und zufälligem Mißgeschick zu unterscheiden, erschienen ihm die Bediensteten des Schlosses und die Bevölkerung der Region bald als Instrumente der umfassenden Verschwörung, die seit der Reise auf die britische Insel seine Vorstellung beherrschte.

Etwas Trost fand Rousseau zu dieser Zeit in den Nachrichten, die ihn aus Genf erreichten. Während seines Aufenthalts in England hatte sich der Konflikt zwischen der Regierung des Stadtstaates und der Opposition dramatisch zugespitzt. Der Kleine Rat reagierte im Spätherbst 1766 auf die wiederholte Ablehnung seiner Personalvorschläge durch die Bürgerschaft mit der Anrufung der Schutzmacht Frankreich, die dann tatsächlich Genfer Staats-

(…) da man nur darauf wartet, mich greifen zu können, spart man keine Mühe, mich von hier zu vertreiben.
Rousseau an Du Peyrou, 3. März 1768

angehörigen mit Ausweisung drohte, den kritischen Lenieps in der Bastille festsetzte und Anfang 1767 eine Wirtschaftsblockade gegen die kleine Republik verhängte. Trotz wachsender politischer und sozialer Unordnung in ihrer Heimat aber ließen sich die Reformer, die Kontakt mit dem verbannten Philosophen hielten, nicht zur Annahme eines zweifelhaften Kompromisses zwingen. Im März 1768 schließlich erfuhr Rousseau vom Abschluß eines Vergleichs, der die Verhältnisse in Genf neu regelte und die Befugnisse des *Conseil Général* erkennbar stärkte. Obwohl ihn der Verzicht auf die Bitte um Rückgewähr seiner Bürgerrechte, zu dem er sich aus Sorge vor neuer Unruhe entschloß, einige Überwindung kostete, war in seinen Briefen große Erleichterung zu spüren. Am 24. des Monats schreibt Rousseau an Lenieps: »Endlich, mein guter Freund, sind Sie frei, und unser Land hat Frieden.«

Im Frühjahr 1768 faßte Rousseau den Entschluß, sein Domizil ungeachtet aller Risiken zu verlassen. Anfang Juni fuhr er auf Einladung des Prinzen von Conti nach Paris, verbrachte dann kurze Zeit in Lyon und erreichte schließlich am 11. Juli Grenoble. Schon nach einigen Wochen aber glaubte der verängstigte Mann auch hier Anzeichen von Feindschaft zu erkennen, kehrte der Stadt den Rücken und zog sich in das Dorf Bourgoin zurück. Dort nahm er Quartier in einer kleinen Herberge und bat Thérèse, die auf Schloß Trye geblieben war, ebenfalls in die Dauphiné zu reisen. Am 26. August traf sie in Bourgoin ein und konnte bald darauf feststellen, daß Rousseau einen mehr als zwei Dekaden alten Standpunkt revidiert hatte. »Ich erklärte ihr im voraus, ich würde sie nie verlassen, aber auch nie heiraten«, geben die ›Bekenntnisse‹ die Äußerung des jungen Genfer Gelehrten gegenüber seiner neuen Freundin wieder, doch dem von Verfolgung und Enttäuschung gezeichneten Philosophen erschien die Nonchalance des Jahres 1745 nicht länger angemessen. Vier Tage nach Thérèses Ankunft verkündete Rousseau der überraschten Frau, sie künftig als seine Gattin zu betrach-

Ich will sagen, wovon ich überzeugt bin, nämlich daß der Frieden wertvoller ist als die Freiheit und daß es für die Freiheit auf Erden nur im Herzen des gerechten Menschen eine Freistatt gibt und daß es nicht die Mühe lohnt, sich wegen des übrigen herumzuzanken.
Rousseau an Paul-Claude Moultou,
7. März 1768

ten. Da in Frankreich eine Heirat zwischen den Konfessionen untersagt war, beschränkte sich das Paar auf ein wechselseitiges Gelöbnis, zu dessen Zeugen der Bürgermeister des Ortes und ein Artillerieoffizier bestellt wurden. Rousseau nennt in seiner Korrespondenz als Grund für den Entschluß allein die Dankbarkeit gegenüber seiner Gefährtin; die engagierte Rede über die Pflichten der Ehe, die er im Anschluß an die Zeremonie hielt, weist allerdings zugleich auf den Wunsch hin, eine Beziehung zu festigen, die über die Jahre unter dem Bildungsgefälle und der mangelnden körperlichen Nähe gelitten hatte. So dachte der Literat während seiner Ansprache, die die Anwesenden zu Tränen rührte, wohl nicht nur an das Geständnis Thérèses, auf ihrer Reise nach England den Verführungskünsten James Boswells erlegen zu sein, sondern auch an seine fatale Leidenschaft für die charmante Sophie d'Houdetot.

Immer wieder war Rousseau während dieser Jahre versucht, den Widrigkeiten der Illegalität zu entsagen und Frankreich den Rücken zu kehren. Eine Übersiedlung nach Venedig, Griechenland, Menorca, Zypern oder Amerika, selbst die Rückkehr nach »Wootton Hall« in England schien ihm durchaus erwägenswert; seine Pläne gediehen so weit, daß er zur Bestürzung seiner Freunde sogar den eher mißgünstigen Herzog von Choiseul um einen Reisepaß bat. Gleichwohl nahm der Flüchtling von einer Auswanderung schließlich Abstand. Rousseau gestand sich seine schlechte Gesundheit, das fehlende Geld und nicht zuletzt die Liebe zur französischen Kultur ein und beschloß, jedes Aufsehen zu vermeiden und den Lauf der Dinge geduldig abzuwarten. Am 30. Januar 1769 zog er nach Monquin, einem kleinen Ort nahe Bourgoin, in Sichtweite der Alpen. In dem beschaulichen Dorf, dessen Höhenlage für ein angenehmes Klima sorgte, kam der Philosoph allmählich zur Ruhe und verlebte zusammen mit Thérèse recht friedliche Tage. Die Arbeit an den Erinnerungen schritt voran, das Vergnügen an der Botanik fand in der schönen Umgebung neue Nahrung, und Mitte Juli erlaubte die

Rousseaus Verhältnis zu **Voltaire** war trotz der vielen Streitigkeiten weiterhin von Respekt vor der literarischen Leistung des Franzosen geprägt; dazu trug sicher bei, daß der Philosoph das denunziatorische Pamphlet des Dichters aus dem Jahr 1764 bis an sein Lebensende dem jungen Genfer Pastor Jacob Vernes zuschrieb. Jedenfalls beteiligte sich Rousseau zum Unwillen seines berühmten Kontrahenten am 2. Juni 1770 finanziell an der Errichtung einer Statue Voltaires, mit der die Pariser Philosophen ihrem Idol huldigen wollten.

körperliche Verfassung sogar eine Reise nach Pogues in der Nähe der Loire, wo der Prinz von Conti den Sommer verbrachte. Erst als der Frühling 1770 in der Dauphiné anbrach, hielt Rousseau den Zeitpunkt für gekommen, einen letzten Schritt zur Sicherung seines Aufenthalts in Frankreich zu unternehmen. In dem Wissen, wie sehr die katholische Monarchie inzwischen mit sich selbst beschäftigt war, bat er seine Gönner, bei den Verantwortlichen die Bedingungen einer Rückkehr nach Paris zu erfragen. Rousseau verstieß mit seinem Vorhaben gegen des eigene Credo von der glücklichen ländlichen Existenz; indes überwog nun offenbar die Hoffnung, die finanzielle Lage durch das Notenkopieren zu verbessern und der schmerzlichen sozialen Isolation doch noch zu entkommen. Tatsächlich ließ der Oberstaatsanwalt am Pariser *Parlement* wissen, man werde den Haftbefehl nicht aufheben, die Anwesenheit des Literaten aber ignorieren, falls dieser auf das armenische Kostüm und neue Publikationen verzichte. Erfreut machte sich Rousseau am 10. April auf den Weg an die Seine, doch bevor er sein Ziel erreichte, holte ihn in Gestalt der »Lyrischen Szene« ›Pygmalion‹ seine schöpferische Vergangenheit ein.

Bereits 1762 hatte Rousseau die antike Sage von König Pygmalion, dessen Liebe zu dem Standbild einer idealen Frau der steinernen Figur Leben einhaucht, in einem Prosamonolog verarbeitet und dem Werk Anweisungen für die Komposition einer begleitenden Musik beigefügt. Aufgrund seiner schwierigen Lebensumstände jedoch konnte er die Partitur nicht fertigstellen und brachte nur einen Abschnitt der Ouvertüre und ein Andante zu Papier. Auf seinem Weg nach Paris nun, acht Jahre später, lernte der Literat in Lyon den Kaufmann und Musikamateur François Coignet kennen, der sich erbot, die fehlenden Passagen zu ergänzen. Man kam überein, und schon wenige Tage nach der Ankunft Rousseaus schloß der ambitionierte Dilettant das Projekt ab. Am 28. September 1770 fand in Lyon die öffentliche Premiere statt, im März 1772 präsen-

---

Kurz nach seiner Ankunft in Paris lernte Rousseau den polnischen Grafen **Wielhorski** kennen, der ihn um ein Gutachten über das staatliche System seiner Heimat bat. Der Adlige gehörte zur »Konföderation von Bar«, einem Zusammenschluß katholischer Aristokraten, der seit 1768 gegen König Stanislaus August Poniatowski kämpfte. Ziel dieses Bündnisses war die Unabhängigkeit Polens vom zaristischen Rußland, das den schwachen Monarchen militärisch protegierte. Im April 1771 stellte Rousseau das Werk fertig und übergab es wenige Wochen später an Wielhorski. Die Schrift, die offiziell erst 1782 erschien, zeigt

tierte die Pariser Oper ihre Inszenierung, und im Oktober
1775 nahm sich auch die *Comédie
Française* des Stückes an. Die
Darbietungen dieser Häuser rie-
fen großen Beifall hervor und
verschafften der Arbeit Rousseaus bis in das 19. Jahrhundert
hinein einen festen Platz auf den
Spielplänen, doch die Bedeutung von ›Pygmalion‹ geht weit
über die eines zeitweiligen Pu-
blikumserfolgs hinaus.

Am 24. Juni 1770 bezog Rousseau eine Wohnung im vierten
Stock eines Hauses in der Rue
Plâtrière in Paris. Da diese Straße unweit seines früheren Domizils
lag, mag der Umzug in die Hauptstadt dem Philosophen wie eine
wirkliche Heimkehr erschienen sein; gleichwohl gab es zunächst
einige Probleme. »Er hat sich mehrere Male im Café de la Régence
auf der Place du Palais-Royal sehen lassen; seine Gegenwart hat
eine ungeheure Menschenmenge dorthin gelockt«, informiert
Grimm die Leser der ›Correspondance littéraire‹ am 15. Juli über
die ersten öffentlichen Auftritte des prominenten Mannes. Den
politisch Verantwortlichen waren diese Spektakel nicht geheuer,
und so wurde Rousseau bald verpflichtet, die bevölkerten Orte der
Stadt möglichst zu meiden. Er befolgte diese Anweisung, ließ sich
jedoch nicht davon abhalten, seine sozialen Kontakte zu pflegen
und auszubauen. So traf er regelmäßig Freunde und Bekannte,
nahm Einladungen hochgestellter Persönlichkeiten an und empfing
in seinen wenigen Zimmern immer wieder Besucher. Rousseau war
entschlossen, den Kampf gegen den Ruf eines menschenscheuen,

den Literaten als detailliert infor-
mierten Wissenschaftler, der
die praktischen Elemente seiner
sozialphilosophischen Schriften
im Flächenstaat zur Anwendung
bringen will, und trägt den schlichten Titel ›Betrachtungen über
die Reformder polnischen Regierung‹.

47 Rousseau beim Botanisieren.
Anonymer Stich

leicht verrückten und moralisch zweifelhaften Sonderlings auf-
zunehmen, und als stärkste Waffe in der Auseinandersetzung mit
seinen Gegnern sollte ihm das Werk dienen, das er in den Jahren
seiner Flucht verfaßt hatte: die ›Bekenntnisse‹ (frz. ›Les Con-
fessions‹).

»Ich beginne ein Unternehmen, das ohne Beispiel ist«, erklärt
Rousseau zu Beginn seines Textes, und in der Tat hebt mit den
›Bekenntnissen‹ eine neue Form der Selbstdarstellung an. Zwar
war die schriftliche Auseinandersetzung mit der eigenen Vergangenheit zuvor schon recht populär, beschränkte sich aber in der
Regel auf die Aneinanderreihung von Karrieredaten oder psychischen Momentaufnahmen in der Form von »Memoiren«, »Erinnerungen« oder »Tagebüchern«. Rousseau hingegen erteilt in seinem
Werk jeder Fragmentisierung des Daseins eine Absage. Er verfolgt
den Werdegang seines Protagonisten von der Kindheit bis zum

Zur Bedeutung von Rousseaus ›Pygmalion‹
Goethe spricht in seiner Autobiographie von ›Pygmalion‹ als einem
»kleinen, aber merkwürdig Epoche machenden Werk«, und tatsächlich
hatte Rousseau mit seinem Entwurf eine ganz neue musikalische Gattung
erfunden: das sog. »Melodram« (griech. *melos* [Melodie], *drama* [Hand-
lung]). Er selbst war ursprünglich keineswegs daran interessiert, ein Genre jenseits der Oper zu etablieren, sondern suchte, noch unter Eindruck
des »Buffonistenstreits«, lediglich nach einer Verbindung von Tonkunst
und Sprache, die den angenommenen Unzulänglichkeiten des Französischen im Kontext des Musiktheaters Rechnung tragen sollte. Mit dem
Vorschlag aber, Handlung und Deklamation immer wieder mit Klängen
zu unterbrechen und deren gestalterische Variationsbreite für die präzise
Nachzeichnung gestisch-szenischer Vorgänge auf der Bühne zu nutzen,
verschaffte der Handwerkersohn dem musikalischen Sturm und Drang
unversehens ein Forum für die intensive Darstellung der menschlichen
Empfindungen. Als besonders fruchtbar erwies sich seine Anregung
dabei in den Ländern, in denen keine eigene Operntradition existierte.
Während ›Pygmalion‹ in Frankreich und Italien zu musikästhetischen
Debatten, kaum aber zu der Produktion vergleichbar angelegter Stücke
führte, kam es in Spanien und vor allem im deutschen Sprachraum zu
einer regelrechten Euphorie, die sich in vielen Werken, einer hohen Auf-
führungszahl und der Ausdifferenzierung der melodramatischen Form
niederschlug und gut vierzig Jahre andauerte; Goethes ›Proserpina‹, 1815
zur Musik von Eberwein zu Gehör gebracht, markiert wohl das Ende der
Gattung in ihrer höfisch-literarischen Prägung. In dieser Situation zeigte
sich, daß Rousseaus Suche nach neuen Ausdrucksmitteln weniger die
Bewertung des musikalischen Formenkanons als den Umgang mit den
Parametern Klang und Sprache verändert hatte. Das Bühnenmelodram
im Sinne eines eigenen Genres verschwand fast vollständig, doch seine
Techniken kamen jetzt in anderen Werkgattungen zum Einsatz. So fand

Alter und erläutert unter dem Eindruck der von Madame de Warens übernommenen pietistischen Selbstbeobachtung und der allgemeinen Neigung zur Introspektion in der populären Briefkultur und den Romanen der Empfindsamkeit das Geschehen auch in seiner seelisch-moralischen Dimension. Dadurch wird ein konsistenter innerer Zusammenhang geschaffen, der es ermöglicht, die Existenz in den Kategorien von »Zweck« und »Sinn« zu bewerten. Mit der hier gewonnenen personalen Einheit behauptet sich der Schreibende dann gegenüber dem Wandel in der Zeit und versichert sich zugleich seiner selbst. Rousseau definiert mit diesem Verfahren die wesentlichen Merkmale für die Formulierung einer Lebensbilanz, die dem Bereich der bloßen Gebrauchsschrift entzogen und von literarischer Qualität ist. Er wird so zum eigentlichen Begründer einer Werkgattung, deren Faszination bis heute unvermindert anhält: der modernen Autobiographie.

die Verflechtung von Deklamation und Tonsatz etwa Eingang in die Schauspielmusik, die bis dahin dem gesprochenen Wort streng untergeordnet war. In Beethovens ›Egmont‹ aus dem Jahr 1810 beispielsweise sind melodramatische Partien an exponierter Stelle ebenso gegenwärtig wie in Mendelssohns 1843 vorgestelltem ›Sommernachtstraum‹ oder in Griegs ›Peer Gynt‹ von 1876. Vor allem aber die Oper bemächtigte sich der neuen gestalterischen Option. Selbst in Frankreich, wo das Bühnenmelodram nie breiten Raum eingenommen hatte, kam Rousseaus Idee insoweit zu ihrem Recht. Insbesondere André Grétry, ein Verehrer des Genfer Philosophen, integrierte schon in den letzten Dekaden des 18. Jahrhunderts entsprechende Passagen in seine Werke und legte auf diese Weise den Grundstein für ein Vorgehen, das noch 1875 in Bizets ›Carmen‹ gut erkennbar ist. Zugleich beeinflußte die Entwicklung in Frankreich den deutschen Sprachraum, dessen Opernkultur sich soeben erst von italienischen Vorbildern emanzipierte. Die Collagen aus gesprochenem Text und illustrativer Musik, die sowohl in Beethovens ›Fidelio‹ aus dem Jahr 1805, als auch in Webers 1821 entstandenem ›Freischütz‹ Handlung und Aussage vorantreiben, inspirierten mehrere Generationen von Komponisten, bis mit Humperdincks ›Die Königskinder‹ 1897 ein neues Zeitalter für die Verschränkung von Wort und Klang anbrach. Die hier vorgestellte Aufhebung der Grenzen zwischen Gesangs- und Sprechstimme eröffnete ungeahnte Dimensionen der Expressivität und legte die Rückkehr zu einer eigenständigen Liaison von Partitur und Deklamation nahe. Tatsächlich bedienten sich Schönberg, der in ›Pierrot lunaire‹ aus dem Jahr 1912 dem Vortrag eine Vielzahl von Nuancen zwischen Ton und Geräusch abverlangt, Busoni, Strawinsky, Milhaud und andere nun wieder des melodramatischen Formats, rehabilitierten auf diese Weise das ursprüngliche Konzept Rousseaus und lösten eine bis zum heutigen Tag andauernde Renaissance der Gattung aus, die zu den Denkwürdigkeiten in der Geschichte der abendländischen Musik gehört.

Rousseau selbst hat sein Vorgehen als Strategie der Rechtfertigung angesehen. Er nutzt den Schutz der schriftlich hergestellten Identität, um seinen Widersachern entgegenzutreten und die Kenntnis der Wahrheit für sich zu reklamieren. Dabei wird die Berechtigung dieses Anspruchs durch eine Radikalisierung der Darstellungsmethode glaubhaft gemacht. Obwohl im Titel an die ›Confessiones‹ des Kirchenlehrers Augustinus angelehnt, präsentieren die Aufzeichnungen Rousseaus gerade keinen Prozeß, der das Dasein als schrittweise Katharsis begreift, sondern eine Entwicklung, die die Allgegenwart der Fehlerhaftigkeit illustriert und dabei den Rezipienten nicht schont; nur die Beichte auch der banalsten und anstößigsten Begebenheit sichert für den Verfasser die Authentizität seines Berichts. Das Programm absoluter Transparenz wird besonders deutlich in der berühmten Formulierung am Ende des 4. Buches der ›Bekenntnisse‹. Dort erklärt Rousseau: »Ich möchte es fertigbringen, meine Seele gewissermaßen durchsichtig für den Leser zu machen (…).«

Etwa im Dezember 1770 legte Rousseau letzte Hand an seine Lebenserinnerungen, dann fühlte er sich ausreichend gerüstet, um seine Gegner in die Schranken zu weisen. An eine Publikation des Werkes war nicht zu denken, doch zumindest einem kleinen Kreis einflußreicher Persönlichkeiten wurde der Text zugänglich gemacht. Noch vor Jahresende fanden in den Pariser Häusern des Dichters Dorat und der Marquise de Pezay entsprechende Lesungen statt, und es scheint, daß der alternde Literat dabei ein bemerkenswertes Engagement an den Tag legte. Trotz seiner zunehmenden Skepsis gegenüber fremden Gesichtern und einer nach wie vor schwachen Gesundheit trug er nicht nur Seite um Seite aus seinem Manuskript vor, sondern sprach auch ausführlich über die vermutete Verschwörung und ihre angeblichen Urheber in Staat, Kirche und Gesellschaft. So soll die Veranstaltung bei der Marquise de Pezay mehr als fünfzehn Stunden gedauert haben, ohne daß der

Rousseaus Rückblick auf seine Existenz muß als Plädoyer für das **Recht auf individuelle Lebensgestaltung** gelesen werden und trägt in dieser Betonung der menschlichen Subjektivität bereits einem zutiefst romantischen Verständnis des Daseins Rechnung. Es verwundert daher kaum, daß seine Erinnerungen nach ihrem Erscheinen 1782, am Vorabend der neuen geistesgeschichtlichen Epoche, umgehend zum Paradigma biographischer Darstellungen in Europa aufstiegen. Das Konzept vorbehaltloser Selbstentblößung wurde kopiert, variiert, weiterentwickelt oder als Vorwand für die Produktion sensationsträchtiger Enthüllungs-

Philosoph Anzeichen von Er-
müdung zeigte.

Im Februar 1771 las Rousseau
vor dem schwedischen Kron-
prinzen und späteren König
Gustav III., Anfang Mai dann
vor der Gräfin von Egmont,
doch die Strapazen, die der
inzwischen fast sechzigjährige
Mann dabei auf sich nahm, blieben am Ende ohne Gegenwert.
Bald kursierten wenig schmei-
chelhafte Gerüchte, die sich auf
den Stoff der Vorträge gründe-
ten, in ganz Paris, und vor
allem die Kritiker des Philoso-

48 Jean-Jacques Rousseau. Büste
von Jean-Antoine Houdon

phen in den Reihen der Enzyklopädisten reagierten ungehalten auf
die Beschuldigung, Teil eines allgemeinen Komplotts zu sein. Der
objektive Betrachter mag es insofern sogar als vorteilhaft bezeichnen, daß die Kunde von den Lesungen auch an das Ohr von Madame d'Épinay drang. Voller Furcht, durch die Schilderungen ihres
ehemaligen Freundes in ein ungünstiges Licht zu geraten, bat sie
am 10. Mai bei den Behörden um ein Verbot künftiger Veranstal-
tungen. Die genaue Reaktion der Autoritäten ist nicht überliefert,
doch offenbar legten sie Rousseau den Verzicht auf weitere Vorträge nahe. Jedenfalls gab der Literat das Ringen um seine öffentliche Anerkennung vorerst auf und distanzierte sich in der Folge
innerlich von seiner literarischen Lebensbilanz. Aller Hoffnungen
beraubt, die er in sein biographisches Werk gesetzt hatte, schienen
ihm seine Aufzeichnungen nun nahezu wertlos; obwohl das Manuskript der Schrift mit der Reise des Flüchtlings von der Petersinsel
nach Straßburg abbrach, weigerte Rousseau sich ungeachtet wie-

literatur benutzt, aber auch von vielen Autoren als pharisäisch, larmo-
yant und methodisch fragwürdig
abgelehnt. Zu verstörend erschien
ihnen das Vermächtnis eines Mannes, der in seiner Verzweiflung
sogar Gott zum Zeugen seiner moralischen Überlegenheit gegenüber
den Zeitgenossen machen wollte.

›Jeder von ihnen enthülle seinerseits sein Herz mit der gleichen
Aufrichtigkeit zu Füßen deines
Throns, und dann möge auch nur
einer dir sagen, wenn er es wagt:
Ich war besser als dieser Mensch
da!‹   *Imaginäre Rede
an den Allmächtigen (B)*

derholter Bitten Reys fortan, die Arbeit daran weiterzuführen. Das nachträglich eingefügte Vorwort der ›Bekenntnisse‹ verbrieft die Überzeugung, daß der Text ohnehin in die Hände eines Mißgünstigen fällt und vernichtet oder entstellt wird.

Zwölf Monate nach seiner Rückkehr an die Seine mußte Rousseau sich eingestehen, daß der Umzug nach Paris seine Reputation nicht verbessert hatte. Zutiefst ernüchtert begann er, die Öffentlichkeit zu meiden, und widmete seine Kraft verstärkt dem Kopieren von Noten und dem Botanisieren. Obwohl Rousseau im Juli 1771 den Dichter Jacques-Henri Bernardin de Saint-Pierre kennenlernte und in ihm einen treuen Freund für seine Altersjahre gewann, war der Verlust der Realität nicht mehr aufzuhalten. Nach außen hin führte der Philosoph ein recht zurückgezogenes Leben, doch innerlich fand er nur selten Frieden. Undurchschaubarer als je zuvor erschienen ihm die Machenschaften seiner Zeitgenossen, immer stärker wurde der Glaube, einem schrecklichen Schicksal anheimzufallen. Anfang 1772 schließlich war die Angst so beherrschend, daß Rousseau wieder zur Feder griff. Gequält von Depressionen und behindert von nachlassender Sehkraft, verfaßte er in den folgenden Jahren drei fiktive Dialoge, die sich mit dem verfemten Philosophen »Jean-Jacques« beschäftigen. Die Sprecher, ein das Publikum vertretender »Franzose« und der Verteidiger »Rousseau«, tragen in der Dialektik von Rede und Gegenrede alle Informationen über den Angeklagten und seine Gegner zusammen und lüften so am Ende den Schleier aus Täuschung und Vorurteil. Der Literat gab dem bizarren Werk, das noch einmal seine philosophischen Positionen rekapituliert und von tiefer psychischer Verstörung zeugt, den Namen: ›Rousseau richtet über Jean-Jacques. Gespräche‹.

Am 19. April 1774 fand in Paris ein kulturhistorisch bedeutsames Ereignis statt: die Premiere der Oper ›Iphigénie en Aulis‹ von Christoph Willibald Gluck. Da der deutsche Komponist das traditionelle Musiktheater mit einem Konzept konfrontierte, das die

Sollten Sie gar selbst einer jener unversöhnlichen Feinde sein, so hören Sie auf, auch noch ein Feind meiner Asche zu sein und tragen Sie Ihre grausame Ungerechtigkeit nicht bis in eine Zeit, da Sie und ich nicht mehr sein werden.

Rousseaus Appell an den Leser
im Vorwort der ›Bekenntnisse‹

universal-humanistische Über-
schreitung der Nationalstile fordert, lag es für die Publizistik
nahe, den »Buffonistenstreit«
der fünfziger Jahre unter verän-
derten Vorzeichen fortzusetzen.
Obwohl sich der Neapolitaner
Piccinni, selbst ein Verehrer
Glucks, der ihm zugedachten
Rolle als dessen Antipode weitgehend entzog, kam es im
Bewußtsein der Öffentlichkeit
dann auch rasch wieder zu
einer Parteienbildung. Promi-
nentester Fürsprecher der neuartigen Klänge war Rousseau,
der sich nun, anders als zwei
Dekaden zuvor, nicht mehr von

49 Rousseau beim Botanisieren vor
seinem Haus in Ermenonville, wo er
ab 1778 wohnte. Kolorierter Stich
von Mayer

den Anhängern der italienischen Tonkunst vereinnahmen ließ.
Ausdrücklich revidierte der Literat seine Ansicht von der Unmöglichkeit guter französischer Musik, bezeichnete den Deutschen als
nächsten »Orpheus« und wohnte auch der Uraufführung von dessen gleichnamiger Oper am 2. August des Jahres bei; mehr als vier-
zigmal soll er das Werk danach gehört haben. Diese Begeisterung
machte Rousseau angreifbar, und schnell feierte der Kreis der
Gelehrten voller Hohn die »Bekehrung« des streitbaren Mannes.
Indes gab es für eine solche Herablassung eigentlich kaum Anlaß.
Gluck hatte Rousseau nicht nur im Februar 1774 in der Rue Plâtrière
besucht, verschiedene Kopien bestellt und um Rat bei der Ferti-
gung einer französischen Version seiner Oper ›Alceste‹ gebeten,
sondern sich lange vor diesem Datum auch zu der Weltanschau-
ung des Philosophen bekannt. Tatsächlich diente die natürlich-ein-

Ich traf ihn [Rousseau] stets bei guter Stimmung und bereit zum Ge-
sprach, welches er ohne Unterbrechung seiner Arbeit führt. Die gewisse
Frau, von der man erzählt, er habe sie fortgeschickt, ist sehr wohl seine
Frau, sie leben miteinander in vollkommener Harmonie. Madame brut
zelt das Essen, putzt das Zimmer, macht die Betten und setzt sich dann
mit dem Strickzeug zu ihrem Mann, an einen winzig kleinen Kamin; all
dies ist reizend; so hielten es unsere Patriarchen.
François de Chambrier an seine Schwester, 15. Dezember 1773

fache Gestaltung, der Verzicht auf barockes Pathos und die Bindung der Partitur an die Inhalte der Dichtung in den Opern des Deutschen gerade dem Postulat der Unmittelbarkeit, mit dem der Genfer Autodidakt seit einem Vierteljahrhundert die artifizielle Welt des Rokokos attackierte. Bereits am 1. Februar 1773 veröffentlichte Gluck einen Artikel, der diese Haltung zum Ausdruck bringt, die Kooperation mit Rousseau ankündigt und dem Philosophen das höchste Lob der klassischen Musikauffassung zollt. So berichtet der Komponist von seiner festen Überzeugung, »daß, wenn er [Rousseau] seine Bemühungen auf die Ausübung dieser Kunst hätte verwenden wollen, er die wunderbaren Wirkungen zu realisieren vermocht hätte, welche das Altertum der Musik zuschreibt«.

Im Winter 1775 beendete Rousseau die ›Gespräche‹, war sich jedoch zunächst der Verwendung des Textes nicht sicher. Nach einiger Überlegung beschloß er, die Wahrheit über sein Denken und Handeln der Vorsehung anzuvertrauen. In der Hand das Päckchen mit einer Abschrift seines Werkes, suchte der Philosoph am 24. Februar 1776 die Kirche Notre-Dame auf, um seine Arbeit auf dem Hauptaltar niederzulegen. Zu seinem Entsetzen aber fand er den Chorraum durch ein Gitter versperrt, das ihm nie zuvor aufgefallen war. In dem Glauben, auch der Himmel verweigere ihm die Solidarität, verließ Rousseau die Kirche und wanderte viele Stunden lang verstört und ziellos durch die Straßen von Paris, bevor sich seine Anspannung legte. Am nächsten Tag übergab er das Manuskript an Condillac, Anfang April nahm ein junger Bekannter aus Wootton Teile einer weiteren Kopie mit nach England. Dennoch schien dem Literaten eine Übermittlung seines Werkes an die Nachwelt nicht gesichert. Die Furcht vor einer Verfremdung oder Unterdrückung des Textes bewog ihn zum Entwurf eines Flugblatts, das er im Frühjahr an Passanten verteilte und seiner Korrespondenz beilegte. Die Resonanz auf die kleine Schrift voller Anklagen und Warnungen war jedoch so gering, daß Rous-

---

Ich ging schnell aus der Kirche fort, entschlossen, sie in meinem Leben nicht wieder zu besuchen, und da ich mich ganz meiner Unruhe überließ, lief ich den ganzen übrigen Tag umher, irrte allerorten herum, ohne zu wissen, wo ich war oder wohin ich ging, bis, ganz unfähig weiterzugehen, Nacht und Müdigkeit mich zwangen, kraftlos und vom Schmerz abgestumpft meine Wohnung zu suchen.

Rousseau über den 24. Februar 1776
(Gespräche)

seau schließlich resignierte. Im Sommer faßte er sein Verhalten nach Fertigstellung der ›Gespräche‹ in einem Anhang zusammen, der den völligen Rückzug aus der gesellschaftlichen Ordnung ankündigt und mit dem Satz endet: »Von nun an mögen die Menschen tun, was sie wollen, sie werden mir nicht verwehren, ruhig zu sterben.«

In den letzten Jahren seines Lebens widmete Rousseau große Teile seiner freien Zeit botanischen Exkursionen. Stets sorgfältig in Grau gekleidet, den Kopf von einer dreilockigen Perücke bedeckt, den Hut meist unter dem Arm, konnte man ihn in der Umgebung von Paris sehr oft mit Lupe, Blechdose und einem kleinen Fernglas hantieren sehen. Schon im Exil von Môtiers, Wootton und Monquin hatte der Philosoph am Aufbau eines Herbariums gearbeitet und sich einige Fachbücher zugelegt, und in Paris war seine Begeisterung für die Pflanzenkunde wieder erwacht. Er ergänzte seine Sammlung, bestellte weitere Literatur aus England und Holland, tauschte Funde mit Gleichgesinnten und schrieb die Ergebnisse seiner Forschungen nieder. Die 1774 vollendeten ›Briefe über die Botanik‹ und das fragmentarisch gebliebene ›Wörterbuch der gebräuchlichen Begriffe in der Botanik‹ aus demselben Jahr unterstützen das bahnbrechende, zu dieser Zeit gerade in Frankreich noch heftig attackierte Ordnungswerk Carl von Linnés und sind auch in der Sache durchaus präzise, bringen allerdings im Kern fraglos keinen naturwissenschaftlichen, sondern einen philosophischen Zugriff auf die Materie zum Ausdruck. Die Welt der Pflanzen repräsentierte für Rousseau eine Sphäre, in der Schein und Entfremdung aufgehoben sind, und so näherte er sich diesem Bereich mit einer Neugier, die allein das sinnliche und ästhetische Erlebnis suchte. Tatsächlich verbrachte der Literat viele Abende mit dem Bemühen, seine Funde zu bestimmen, zu trocknen, zu präparieren und mit der Hilfe farbiger Papiere ansprechend zu arrangieren. Aus dem therapeutischen Effekt dieser Tätigkeit hat Rousseau keinen Hehl gemacht.

Sie erinnert mich an meine Jugend und an die unschuldigen Freuden, deren Genuß sie mir noch einmal gewährt, und oft genug beglückt sie mich noch in dem traurigsten Schicksal, das je ein Sterblicher erfahren hat.

Rousseau über die Tätigkeit
des Botanisierens (TeS)

Der Entschluß, den Anfeindungen der Menschen keine Beachtung mehr zu schenken, war nicht leicht zu realisieren, doch Rousseau hatte das Rüstzeug für dieses Vorhaben selbst entwickelt. Wie die Figur des alternden ›Émile‹, so akzeptierte auch der einsame Literat von nun an das, was ihm geblieben war, und gab den Kampf gegen das Unabänderliche auf. Keine Wünsche sollten ihn mehr quälen, keine Zurückweisungen verletzen, kein Verrat enttäuschen. Gleichsam als Teil einer mechanischen Welt fühlte er sich, unterworfen nur dem unbeugsamen Gesetz der Notwendigkeit, das sogar die Angriffe seiner Gegner als berechenbares Tun seelenloser Automaten erscheinen ließ. Gestärkt und beruhigt von dieser Haltung, schreibt er schon wenige Monate nach den letzten unglücklichen Versuchen, die Gesellschaft doch noch auf seine Seite zu bringen, fast triumphierend über seine Peiniger: »Sie haben alle Gewalt über mich verloren, und ich kann nun in Zukunft sie verlachen.« *(TeS)*

Protokoll des Versuchs, das Dasein auf eine neue Grundlage zu stellen, ist eine Schrift, mit deren Abfassung Rousseau im Herbst 1776 begann. »(…) mein ganzes Leben ist nur eine lange Träumerei gewesen, in Kapitel gegliedert durch meine täglichen Spaziergänge«, lautet die Notiz auf einer Spielkarte, die man in seinem Nachlaß fand, und diesem Konzept folgend entwarf der Philosoph einen Text, der der literarischen Moderne ein völlig neuartiges Verfahren zur Verfügung stellt. In einem Akt methodischer Radikalität hebt Rousseau die Differenz zwischen Werk und Autor auf und geht eine intime, gleichsam die Person konstituierende Verbindung mit der Sprache ein, die die Instanz des Lesers ganz aus dem textlichen Zusammenhang verbannt. Eine lose Reihe gedanklicher Promenaden führt den Schreibenden zu verschiedenen Gegenständen, bei denen er nach seinem Gutdünken verweilt. In assoziativer, manchmal flüchtiger Weise reflektiert Rousseau über Fragen des Glaubens, betrachtet den Begriff der Wahrheit, erinnert sich an das Glück auf der Petersinsel, untersucht das Verhältnis von Zwang

---

So bin ich denn nun allein auf Erden, ohne Bruder, ohne Nächsten, ohne Freund, meiner eigenen Gesellschaft überlassen. Der geselligste und liebevollste Sterbliche ist mit allgemeiner Übereinstimmung seiner Mitmenschen aus ihrer Gesellschaft verbannt worden. Sie haben in ihrem ausgeklügelten Haß die Qualen gefunden, die für meine empfindliche Seele die grausamsten sein mußten, und haben gewaltsam alle Bande, die mich an sie knüpften, zerrissen.

(TeS)

und Freiheit oder beschreibt die Reize der Botanik. Oft zutiefst erschütternd und gelegentlich anrührend, dokumentiert die Schrift eine seelische Verfassung, in der grenzenlose Vereinsamung und gelöste, von Altersweisheit getragene Melancholie eine faszinierende Allianz eingehen. In Ansehung seiner Auffassung vom eigentlichen Wesen seiner Existenz nannte Rousseau das Werk die ›Träumereien eines einsamen Spaziergängers‹ *(TeS)*.

Fast genau ein halbes Jahrhundert nach seiner ersten Begegnung mit Madame de Warens, am Palmsonntag des Jahres 1778, begann Rousseau mit der Abfassung des zehnten und letzten »Spaziergangs«. Im Sommer 1762 war »Mama« gestorben, sechs Jahre später hatte der »Kleine« von Grenoble aus ihr Grab in Chambéry besucht, und jetzt, da seine eigenen Kräfte schwanden, wollte er der Geliebten schriftlich gedenken. Einige wenige Seiten voller zärtlicher Erinnerungen wurden zu Papier gebracht, dann legte Rousseau die Feder vorläufig zur Seite. Seine persönliche Situation gestaltete sich inzwischen sehr schwierig, denn selbst die Mittel für einen bescheidenen Haushalt standen nicht mehr zur Verfügung. Wegen seiner schlechten Augen und der immer undeutlicher werdenden Handschrift hatte er schon im August des Vorjahres das Notenkopieren aufgeben müssen, die stete Freigebigkeit, der Unterhalt für Marie Levasseur und eine Rente für seine geliebte Tante Suzanne waren nicht ohne Wirkung auf die Ersparnisse geblieben, seit einer Weile floß zudem Geld an ein Dienstmädchen, das der ernsthaft erkrank-

50 Thérèse in Ermenonville. Zeichnung von T.-Ch. Naudet

Thérèse erhielt nach der Revolution eine Ehrenpension zugesprochen, trat aber nur selten, etwa bei der feierlichen Übergabe eines Manuskripts der ›Bekenntnisse‹ an den Nationalkonvent, öffentlich in Erscheinung. Sie starb erst 1801, 23 Jahre nach Rousseau.

ten Thérèse zur Hand ging. Der Aufenthalt in Paris schien auf Dauer zu teuer, und so entschied Rousseau Mitte Mai schließlich, das Angebot des Marquis de Girardin anzunehmen und eine kleine Wohnung auf dessen Gut Ermenonville zu beziehen. Die Besitzung lag nordöstlich der Hauptstadt in einem abgeschiedenen Tal und verfügte über einen großen Park mit Waldstücken, Wasserflächen und einem antikisierend gestalteten Tempel. In der idyllischen Atmosphäre dieses Domizils erwachten noch einmal die Lebensgeister Rousseaus. Er unterrichtete als Gegenleistung für die Gastfreundschaft seines adligen Mäzens dessen Kinder in Musik und Pflanzenkunde, erforschte auf langen Spaziergängen die Umgebung, erweiterte seine botanischen Kenntnisse, komponierte an einer neuen Oper und dachte nicht zuletzt an die Fortsetzung seiner literarischen Meditationen. Die Hommage an Madame de Warens aber sollte, ebenso wie viele andere Projekte, Fragment bleiben, denn nur sechs Wochen nach dem Umzug fanden alle Pläne des Philosophen ein jähes Ende.

Am frühen Morgen des 2. Juli 1778 begab sich Rousseau auf seinen gewöhnlichen Spaziergang, kam jedoch nur langsam und mit großen Pausen voran. Um sieben Uhr kehrte er zum Haus zurück, trank eine Tasse Kaffee und berichtete Thérèse von starken Kopfschmerzen. Einige Stunden später, gegen elf, nahm Rousseau bei seiner Frau und dem Dienstmädchen am Tisch Platz und klagte erneut über heftige Stiche im Leib und hinter der Stirn; ohne weitere Warnung sank er kurz darauf leblos von seinem Stuhl. Schon

51 Die feierliche Beisetzung Rousseaus im Pariser Pantheon am 11. Oktober 1794. Stich von P.G. Berthault

Nach **Rousseaus Tod** kursierten in Paris verschiedene Gerüchte. So wurde erzählt, der Philosoph habe sich vergiftet oder sei ermordet worden. Die Obduktion gab dafür jedoch keine Anhaltspunkte. Möglicherweise ist er an den Folgen seiner Stoffwechselkrankheit verstorben, wahrscheinlich aber an einem Schlaganfall.

einen Tag später fertigte der Pariser Bildhauer Houdon auf Anweisung des Marquis de Girardin die Totenmaske des Philosophen an, dann wurde der Leichnam für die Beerdigung vorbereitet. Am späten Abend des 4. Juli bettete man Rousseau, einbalsamiert und eingeschlossen in einen Sarg aus Blei und Eichenholz, in Gegenwart einer riesigen Menschenmenge auf der von Pappeln bestandenen Insel im kleinen See des Schloßparks zur Ruhe. Seine Gönner verschlossen das Grab bald danach mit einem schlichten Mausoleum, das bis heute in nahezu unveränderter Form zu sehen ist.

»Wir sind einer Krise und dem Jahrhundert der Revolutionen nahe«, erklärt Rousseau schon 1762 in ›Émile‹, und die Geschichte gab ihm recht. Der Sturm auf die Bastille und seine Folgen erschütterten die Länder Europas mit einer Macht, die nicht allein die Verhältnisse der Lebenden berührte: Am 9. Oktober 1794 wurden die sterblichen Überreste Rousseaus exhumiert und nach einem beispiellosen Triumphzug zwei Tage später im Pantheon zu Paris bestattet. Der Philosoph selbst allerdings wäre über diese Veränderung vermutlich eher unglücklich gewesen. Bei allem Amüsement über die historische Ironie, die ihm einen Platz unmittelbar neben Voltaire zuwies, hätte er wohl kaum aus freien Stücken die kalte Pracht der französischen Ruhmeshalle gegen die Anmut des winzigen Eilands im See von Ermenonville eingetauscht.

52 Die »Pappelinsel« mit Rousseaus Grabmal. Stich von Jean-Michel Moreau le Jeune

Zeittafel

1712 Geburt am 28. Juni in Genf
      als Sohn des Uhrmachers
      Isaac Rousseau und seiner
      Frau Suzanne Bernard. Tod
      der Mutter am 7. Juli.

1722 Rousseaus Vater verläßt Genf,
      Pastor Lambercier aus Bossey
      übernimmt die Erziehung Rous-
      seaus.

1725 Graveurlehre bei Abel Ducom-
      mun in Genf. Leselust, Tag-
      träumerei, Probleme mit dem
      Meister.

1728 14. März: Entschluß, Genf zu ver-
      lassen. In Annecy Bekanntschaft
      mit der Baronin Madame de
      Warens. Im Turin Übertritt zum
      Katholizismus, Lakai an Turiner
      Adelshäusern.

1729 Rückkehr zu Madame de Warens
      nach Annecy. Kurzer Besuch
      des Priesterseminars, dann
      Schüler des Domkapellmeisters
      Le Maître.

1730 Wanderleben in Frankreich und
      der Westschweiz.

1731 Rückkehr zu Madame des Wa-
      rens nach Chambéry. Arbeit als
      Schreiber auf dem Katasteramt.

1732 Faktotum bei Madame de
      Warens. Erteilung von Musik-
      unterricht.

1733 Liebhaber von Madame de
      Warens.

1734 Aufgabe der Tätigkeit als Musik-
      lehrer. Gesundheitliche Probleme.

1735 Idyllisches Leben in »Les Char-
      mettes« nahe Chambéry. Autodi-
      daktische Studien, erste literari-
      sche und kompositorische Ver-
      suche.

1737 Besuch in Genf. Beginn der Ent-
      fremdung von Madame de Wa-
      rens. Reise nach Montpellier.

1738 Rückkehr nach Chambéry. Wei-
      tere autodidaktische Studien.

1740 Erzieher im Haus de Mably in
      Lyon. Begegnung mit der Welt
      der französischen Aufklärung.

1742 Erfolglose Vorstellung eines neuen
      Notationssystems in Paris. Beginn
      der Freundschaft mit Diderot.

1743 Ab Sommer Sekretär des franzö-
      sischen Gesandten in Venedig.

1744 Nach Streit mit dem Botschafter
      Rückkehr nach Paris.

1745 Beziehung mit Thérèse Levas-
      seur. Oper ›Die galanten Musen‹,
      Aufführungspläne scheitern.
      Rivalität mit Rameau. Erster
      Kontakt zu Voltaire.

1746 Privatsekretär der Familie Dupin.
      Geburt des ersten Kindes aus
      dem Verhältnis mit Thérèse,
      Übergabe an das Findelhaus.

1748 Bekanntschaft mit Madame
      d'Épinay.

1749 Bekanntschaft mit Grimm.
      Musikartikel für die ›Encyclo-
      pédie‹. ›Abhandlung über die
      Wissenschaften und Künste‹
      (sog. ›Erster Diskurs‹).

1750 Preis der Akademie von Dijon für
      den ›Ersten Diskurs‹. Aufgabe der
      Tätigkeit im Haus Dupin, Arbeit
      als Notenkopist. Erster Ruhm.

1752 Singspiel ›Der Dorfwahrsager‹.
      Erfolgreiche Aufführung vor
      Ludwig XV., Ablehnung einer
      Pension.

1753 Gefeierte Inszenierung des ›Dorf-
      wahrsagers‹ an der Pariser Oper.
      Arbeit an der ›Abhandlung über
      die Ungleichheit‹ (sog. ›Zweiter
      Diskurs‹). ›Brief über die franzö-
      sische Musik‹, der zum Skandal
      führt.

1754 Genfreise mit Thérèse. Rückkehr
      zum Calvinismus, Erwerb der
      Bürgerrechte der Republik.
      Mehrtägige Bootsfahrt über den
      Genfer See.

1755	Der ›Zweite Diskurs‹ erscheint in Amsterdam. Geteilte Reaktionen
1756	Als Gast von Madame d'Épinay Übersiedlung in die sog. »Eremitage« in Montmorency nahe Paris. ›Brief über die Vorsehung‹ an Voltaire, Entwürfe zu ›Julie oder Die neue Héloïse‹.
1757	Liebe zur Gräfin Sophie d'Houdetot. Skizzen zu ›Émile oder Über die Erziehung‹. Zerwürfnis mit Grimm und Madame d'Épinay.
1758	Umzug in das »Petit Montlouis« in Montmorency. Ende der Beziehung zu Sophie d'Houdetot. Bruch mit Diderot. ›Brief an d'Alembert über das Schauspiel‹.
1759	Umzug in das »Petit Château« des Herzogs von Luxembourg in Montmorency. Beginn der Arbeit an ›Vom Gesellschaftsvertrag oder Grundsätze des Staatsrechts‹.
1760	Offener Bruch mit Voltaire.
1761	Überragender Erfolg von ›Julie‹. Krankheit, Todesahnungen, Wahnvorstellungen, Selbstmordabsichten.
1762	›Vom Gesellschaftsvertrag‹ erscheint in Amsterdam, ›Émile‹ in Paris. Ächtung der Werke in Frankreich, Genf, Bern. Flucht nach Môtiers im preußischen Neuenburg (Neuchâtel). Rousseaus Fall entzweit die Genfer Bürgerschaft.
1763	›Brief an Christophe de Beaumont‹, Verbot des Werkes in Rom, Paris, Genf. Verzicht Rousseaus auf seine Bürgerrechte. Erneut Selbstmordabsichten. Beginn der Entfremdung mit Klerus und Bevölkerung in Neuenburg.
1764	Erste botanische Exkursionen. Arbeit an einer Verfassung für Korsika. Erscheinen der ›Briefe vom Berge‹. Voltaire macht die Übergabe von Rousseaus Kindern an das Findelheim publik.

1765	Beginn der Arbeit an den ›Bekenntnissen‹. Verbot der ›Briefe vom Berge‹ in Paris, Bern, Genf, Neuchâtel. Flucht auf die Petersinsel im Bieler See. Vertreibung und Reise nach Paris, dort großes Aufsehen.
1766	Übersiedlung nach England mit Hume, Niederlassung in Wootton. Fortsetzung der Arbeit an den ›Bekenntnissen‹. Zunehmend paranoide Vorstellungen, Bruch mit Hume.
1767	Starke Angstzustände, Rückkehr nach Frankreich. Unter falschem Namen Leben auf Schloß Trye des Prince de Conti in der Normandie.
1768	Umzug nach Bourgoin in der Dauphiné, dort Heirat mit Thérèse. Auswanderungspläne.
1769	Übersiedlung nach Monquin in der Nähe von Bourgoin.
1770	Vollendung der Lyrischen Szene ›Pygmalion‹ in Lyon. Rückkehr nach Paris unter der Auflage, nicht mehr zu publizieren. Kontakte zu Freunden und Förderern. Fertigstellung der ›Bekenntnisse‹, Lesungen vor ausgewähltem Publikum.
1771	Verbot der Lesungen. Vollendung der ›Betrachtungen über die Reform der polnischen Regierung‹. Konzentration auf Botanik, Notenkopieren, lange Spaziergänge.
1772	Depressionen und Wahnvorstellungen. Beginn der Arbeit an ›Rousseau richtet über Jean-Jacques. Gespräche‹. Erfolgreiche Aufführung des ›Pygmalion‹ an der Oper in Paris.
1774	Kontakt mit Gluck, der Rousseau um kompositorischen Rat bittet.
1776	Verfolgungsängste, soziale Isolation. Beginn der ›Träumereien eines einsamen Spaziergängers‹.
1777	Gesundheitliche Probleme, wirtschaftliche Not.

1778 Umzug auf das Schloß Ermenonville des Marquis de Girardin
nahe Paris. Neue Pläne. Tod am
2. Juli, 4. Juli: Bestattung auf der
»Pappelinsel« im See des Schloßparks.

1794 Festliche Beisetzung Rousseaus
im Pariser Pantheon am 11. Oktober.

Bibliographie

I. Werkverzeichnis

(Übersetzungen z. T. vom Verfasser
revidiert bzw. selbst vorgenommen)
Gagnebin, Bernard/Raymond, Marcel
(Hrsg.): Jean-Jacques Rousseau.
Oeuvres complètes, 5 Bände,
Paris 1959–1995:
BaB = ›Vorwort zu einem zweiten
Brief an Bordes‹
DWS = ›Der Dorfwahrsager‹
LP = ›Le Persiffleur‹
EaP = ›Epistel an Parisot‹
Gülke, Peter (Hrsg.): Jean-Jacques Rous-
seau. Musik und Sprache. Ausge-
wählte Schriften, Leipzig 1989:
BfM = ›Brief über die französische
Musik‹
WdM = ›Wörterbuch der Musik‹
Meier, Heinrich (Hrsg.): J.-J. Rousseau.
Diskurs über die Ungleichheit/
Discours sur l'inégalité, 4. Aufl.,
Paderborn 1997:
AüU = ›Abhandlung über die
Ungleichheit‹
Jean-Jacques Rousseau: Die Bekennt-
nisse. Die Träumereien des ein-
samen Spaziergängers, 2. Aufl.,
München 1996:
B = ›Die Bekenntnisse‹
Jean-Jacques Rousseau: Émile oder Von
der Erziehung. Émile und Sophie
oder Die Einsamen, 2. Aufl.,
München 1997:
ÉuS = Émile und Sophie

Jean-Jacques Rousseau: Julie oder Die
neue Héloïse, 2. Aufl., München
1988:
NH = ›Julie oder Die neue Héloïse‹
Jean-Jacques Rousseau: Politische
Schriften, Band 1, 2. Aufl., Pader-
born 1995:
PF = ›Politische Fragmente‹
Jean-Jacques Rousseau: Sozialphiloso-
phische und Politische Schriften,
2. Aufl., München 1996:
AüW = ›Abhandlung über die
Wissenschaften und Künste‹
GV = ›Vom Gesellschaftsvertrag
oder Grundsätze des Staats-
rechts‹
Rang, Martin (Hrsg.): Jean-Jacques
Rousseau. Émile oder Über die
Erziehung, Stuttgart 1963:
Émile = ›Émile oder Über die
Erziehung‹
Ritter, Henning (Hrsg.): Jean-Jacques
Rousseau. Schriften, 2 Bände,
Frankfurt a. M. 1988:
BaM = ›Vier Briefe an Malesherbes‹
BüS = ›Brief an d'Alembert über
das Schauspiel‹
BüV = ›Brief über die Vorsehung‹
Gespräche = ›Rousseau richtet
über Jean-Jacques. Gespräche‹
KvP = ›Bemerkungen über die
Antwort des Königs von Polen‹
TeS = ›Träumereien eines einsa-
men Spaziergängers‹

II. Gesamtausgaben

Eine deutsche Gesamtausgabe fehlt bis
heute. International maßgeblich:
Gagnebin, Bernard/Raymond, Marcel
(Hrsg.): Jean-Jacques Rousseau.
Œuvres complètes, 5 Bände, Édi-
tions Gallimard, Paris 1959–1995.

III. Werksammlungen

Fontius, Martin (Hrsg.): Jean-Jacques
Rousseau. Kulturkritische und
Politische Schriften in zwei Bän-
den, Rütten & Loening, Berlin
1989 [vergriffen]
Gülke, Peter (Hrsg.): Jean-Jacques Rousseau. Musik und Sprache. Ausge-
wählte Schriften, Reclam, Leipzig
1989 [vergriffen]
Jean-Jacques Rousseau. Die Bekennt-
nisse. Die Träumereien des ein-
samen Spaziergängers, Artemis
& Winkler, 2. Aufl., München
1996
Jean-Jacques Rousseau. Émile oder Von
der Erziehung. Émile und Sophie
oder Die Einsamen, Artemis &
Winkler, 2. Aufl., München 1997
Jean-Jacques Rousseau. Politische
Schriften, Band 1, UTB/Schö-
ningh, 2. Aufl., Paderborn 1995
Jean-Jacques Rousseau. Sozialphiloso-
phische und Politische Schriften,
Artemis & Winkler, 2. Aufl.,
München 1996
Ritter, Henning (Hrsg.): Jean-Jacques
Rousseau. Schriften, 2 Bände,
Fischer, Frankfurt a. M. 1988
Röhrs, Hermann (Hrsg.): Jean Jacques
Rousseau. Preisschriften und
Erziehungsplan, Klinkhardt,
4. Aufl., 1993
Weigand, Kurt (Hrsg.): Jean-Jacques
Rousseau. Schriften zur Kultur-
kritik, Meiner, 5. Aufl., Hamburg
1995

IV. Deutsche Einzelausgaben zentraler
Werke

›Abhandlung über die Ungleichheit‹
etwa bei: Reclam, UTB/Schöningh;
›Bekenntnisse‹ bei Insel; ›Émile‹ etwa

bei: Reclam, UTB/ Schöningh; ›Julie‹
bei: Artemis & Winkler; ›Vom Gesellschaftsvertrag‹ etwa bei: Insel, Pahl-
Rugenstein, Phaidon, Reclam.

V. Korrespondenz

Schröder, Winfried (Hrsg.): Jean-
Jacques Rousseau. Korrespon-
denzen. Eine Auswahl, Reclam,
Leipzig 1992
Correspondance complète de Jean-
Jacques Rousseau. Édition cri-
tique établie et annotée par R.A.
Leigh, 49 Bände, Librairie Droz
u.a., Genf u.a. 1965–1989 [Stan-
dardwerk]

VI. Biographien und Gesamtdarstel-
lungen

Coz, Michel: Jean-Jacques Rousseau,
Paris 1997
Cranston, Maurice: Jean-Jacques. The
Early Life and Work of Jean-
Jacques Rousseau. 1712–1754,
Chicago 1983
Cranston, Maurice: The Noble Savage.
Jean-Jacques Rousseau. 1754–
1762, Chicago 1991
Cranston, Maurice: The Solitary Self.
Jean-Jacques Rousseau in Exile
and Adversity, Chicago 1997
Forschner, Maximilian: Rousseau,
Freiburg/München 1977
Guéhenno, Jean: Jean-Jacques Rous-
seau, 2 Bände, Paris 1962
Holmsten, Georg: Jean-Jacques Rous-
seau, Reinbek 1972
Mensching, Günther: Rousseau zur
Einführung, Hamburg 2000
Möbius, Paul J.: J.-J. Rousseaus Jugend,
Schutterwald 1999
O'Hagan, Timothy: Rousseau, London/
New York 1999
Seeberger, Kurt: Jean-Jacques Rousseau
oder Die Rückkehr ins Paradies,
Band 1, München 1978
Soëtard, Michel: Jean-Jacques Rousseau,
Zürich 1989
Starobinski, Jean: Rousseau. Eine Welt
von Widerständen, Frankfurt
a. M. 1993

Trousson, Raymond: Jean-Jacques Rous-
    seau, 2 Bände, Paris 1988–1989
Wokler, Robert: Rousseau, Freiburg
    1999

VII. Materialien

Annales de la Société Jean-Jacques
    Rousseau, z. Z. Bände 1–42,
    Genf 1905–1999 [zentrales
    Sammelwerk]

VIII. Musik

Baud-Bovy, Samuel: Jean-Jacques Rous-
    seau et la musique, Neuchâtel
    1988
O'Dea, Michel: Jean-Jacques Rousseau:
    Music, Illusion and Desire, New
    York 1995
Willimann, Josef (Hrsg.): Jean-Jacques
    Rousseau und sein Umfeld,
    Schweizer Jahrbuch für Musik-
    wissenschaft, Neue Folge 18,
    Bern 1998

IX. Staat, Politik, Gesellschaft

Caspar, Johannes: Wille und Norm. Die
    zivilisationskritische Rechts- und
    Staatskonzeption J.-J. Rousseaus,
    Baden-Baden 1993
Derathé, Robert: Jean-Jacques Rous-
    seau et la science politique
    de son temps, 2. Aufl., Paris
    1979
Fetscher, Iring: Rousseaus politische
    Philosophie. Zur Geschichte
    des demokratischen Freiheits-
    begriffs, 3. Aufl., Frankfurt a. M.
    1990
Herb, Karlfriedrich: Rousseaus Theorie
    legitimer Herrschaft. Vorausset-
    zungen und Begründungen,
    Würzburg 1989

X. Pädagogik

Böhm, Winfried/Grell, Frithjof (Hrsg.):
    Jean-Jacques Rousseau und die
    Widersprüche der Gegenwart,
    Würzburg 1991
Hansmann, Otto (Hrsg.): Seminar: Der
    pädagogische Rousseau, 2 Bände,
    Weinheim 1996

Rang, Martin: Rousseaus Lehre vom
    Menschen, 2. Aufl., Göttingen 1965
Schäfer, Alfred: Rousseau: Pädagogik
    und Kritik, Weinheim 1992

XI. Romantik

Babbit, Irving: Rousseau and Roman-
    ticism, Boston/New York 1979
Buck, Rudolf: Rousseau und die deut-
    sche Romantik, Berlin 1939
McFarland, Thomas: Romanticism and
    the Heritage of Rousseau, Oxford
    1995

XII. Autobiographie

Bonhôte, Nicolas: Jean-Jacques Rous-
    seau. Vision de l'histoire et auto-
    biographie, Lausanne 1992
Nübel, Birgit: Autobiographische Kom-
    munikationsmedien um 1800:
    Studien zu Rousseau, Wieland,
    Herder und Moritz, Tübingen
    1994
Williams, Huntington: Rousseau and
    Romantic Autobiography, Ox-
    ford 1983

XIII. Literatur

Hamilton, James F.: Rousseau's Theory
    of Literature. The Poetics of Art
    and Nature, York 1979
Klemperer, Victor: Geschichte der
    französischen Literatur im
    18. Jahrhundert. Band 2: Das
    Jahrhundert Rousseaus, Halle
    1966
Söring, Jürgen/Gasser, Peter (Hrsg.):
    Rousseauismus. Naturevange-
    lium und Literatur, Bern 1999

XIV. Natur

Cooper, Laurence D.: Rousseau,
    Nature, and the Problem of the
    Good Life, University Park/PA
    1999
Horowitz, Asher: Rousseau, Nature,
    and History, Toronto u.a. 1987
Melzer, Arthur M.: The Natural Good-
    ness of Man. On the System of
    Rousseau's Thought, Chicago/
    London 1990

XV. Französische Revolution

Furet, François: Jean-Jacques Rousseau und die Französische Revolution, Wien 1994

MacDonald, Joan: Rousseau and the French Revolution. 1762–1791, London 1968

Robisco, Nathalie-Barbara: Jean-Jacques Rousseau et la Révolution Française. Une esthétique de la politique, 1792–1799, Paris 1998

XVI. Rezeptionsgeschichte

Grell, Frithjof: Der Rousseau der Reformpädagogen. Studien zur pädagogischen Rousseaurezeption, Würzburg 1996

Jaumann, Herbert (Hrsg.): Rousseau in Deutschland. Neue Beiträge zur Erforschung seiner Rezeption, Berlin/New York 1995

Kreuzer, Helmut: Rousseau und Rousseauismus, Göttingen 1986

Süssenberger, Claus: Rousseau im Urteil der deutschen Publizistik bis zum Ende der Französischen Revolution. Ein Beitrag zur Rezeptionsgeschichte, Bern 1974

XVII. Gedankenwelt der Aufklärung

Cassirer, Ernst: Die Philosophie der Aufklärung, Tübingen 1932

Koebner, Thomas: Zurück zur Natur. Ideen der Aufklärung und ihre Nachwirkung, Heidelberg 1993

Kondylis, Panajotis: Die Aufklärung im Rahmen des neuzeitlichen Rationalismus, München 1986

Kopper, Joachim: Einführung in die Philosophie der Aufklärung, 3. Aufl., Darmstadt 1996

Schneiders, Werner: Das Zeitalter der Aufklärung, München 1997

Bildnachweis

Register

dtv portrait

Herausgegeben von Martin Sulzer-Reichel
Originalausgaben

Biographien bedeutender Frauen und Männer aus Geschichte, Literatur, Philosophie, Kunst und Musik